초대의 글

　지나간 6천년 인류 역사를 돌이켜 본다면 모든 사람들은 크게 두 가지로 분류할 수 있습니다. 창조주 하나님이 있다고 믿는 사람들과 하나님의 존재를 부인하는 사람들입니다. 지나간 6천년 인류 역사와 발전된 과학과 천문학을 통하여 객관적인 사실들을 광대하게 연구하고 조사한 오늘 시점에 와서는 유신론과 무신론에 대한 최종적인 결론은 유신론으로 확정되는 것으로 인정할 수가 있습니다.

　인류 역사 사실들이 BC1500년 경부터 AD100년 까지의 1600년의 역사 동안에 약 40여명 성경 저자들이 원 저자 하나님의 감동으로 기술한 성경(Bible)은 전 세계 국가들과 국민들에게 언제나 가장 많이 알려지고 읽히는 최고의 경전이었으며, 성경에 기록된 그대로 전 세계 인류 역사가 진행되어 왔었던 것이 사실적으로 확인되었으며, 성경에 기록된 1817개 예언들중 70% 이상은 역사적인 사실로서 증명되었고, 우주 과학 분야에서도 거의 대다수 성경의 기록들이 사실적으로 입증되었으며,

현 시대의 전 세계 국가들의 역사들도 성경의 말씀대로 진행되고 있음이 입증되고 있습니다. 역사적으로 위대한 과학자들과 천문학자들은 만물과 우주의 신비로움과 위대함을 더욱 연구하고 발견을 거듭할수록 창조주 하나님을 인정할 수 밖에 다른 도리가 없다는 최종적 결론에 이르는 것으로 전해지고 있습니다.

찰스 다윈이 1859년에 "종의 기원"이라는 가설(과학이 아닌 가상적 주장)을 발표한 이후 세상의 모든 사람들은 가설인 진화론을 마치 과학인 것으로 교육을 받아 왔지만, 지금에 와서는 진화론이 100% 거짓이었음이 드러났고, 심지어 진화론을 주장했었던 진화론자들 중에서 상당수 진화론자들은 자신들 스스로가 민족과 인종의 우수성 고대성을 주장하기 위하여 의도적으로 거짓말을 하였다고 자백을 하였던 사실들도 있습니다.

모든 사람들은 누구든지 항상 자기 자신의 양심으로 되돌아 보아서 창조주 하나님을 인정해야 할 것이며, 지극히 정상적이고 깨끗한 양심으로 이 책을 마음으로 보고 읽고 정직하게 생각한다면 이 책을 읽는 모든 독자들께서는 이 책을 읽은 이후로부터 하나님 자녀와 천국 백성이 되고, 천국을 살 수 있기를 기원합니다.

하나님 형상으로 창조가 되었고 하나님의 자녀로 초청을 받은 우리 모든 사람들은 이 세상에 사람의 육체를 입고 태어나게 해서, 하나님께서 각 사람들에게 자연계시와 특별계시를 통하여 부르시고, 하나님 감동으로 깨달아서 현세 세상과 내세 천국을 보고 알게 하시고, 성령의 믿음으로 영혼이 거듭나게 하셔서 하나님 아들(자녀)들로 낳으시고, 죄악의 세상에서 천국의 하나님 아들로서 날마다 매순간 모든 상황에서 세상과 죄악들을 넉넉히 이기면서 영원한 천국을 살아갈 수 있도록 창조주 하나님께서는 사람을 부르시고 사랑으로 인도하시고 역사하십니다.

그러나 성경을 통해 말씀하시는 하나님 복음의 핵심이, 혼란스러운 신학적 해석들과 많은 교회들의 비성경적인 설교로 인하여 크게 왜곡되고 있습니다.

이로 인하여 성도들은 구원에 대한 믿음의 정체성이 부족해지고, 장성한 믿음으로 성장하지 못하여 발생하는 부작용들이 교회마다 자주 나타나고 있습니다. 오늘날 전국 교회의 수많은 교인들이 진정한 하나님의 복음을 알지 못한 채 형식적인 종교 생활에 머물거나, 성경적 천국을 제대로 누리지 못하고 있는 것이 현실입니다. 그 결과로 인하여 사이비 이단 종교들의 거짓 교리들과 미혹에 많은 교인들의 영혼이 갈취당하는 현실에 직면해 있습니다. 이러한 상황에서 이 책이 온전한 성경적 복음의 능력을 전달하고, 한국 교회의 정상화에 기여하기를 기대합니다.

이 책에는 하나님과 성경을 알지 못하거나 교회에 출석하지 않는 분들을 위하여 성경 말씀을 많이 기록하였습니다. 성경 말씀의 원저자는 하나님이시기 때문에, 이 책을 읽는 모든 독자들이 하나님의 음성을 마음으로 듣고 하나님을 구주로 영접할 수 있기를 기원합니다.

이 책의 일부분 내용들은 국내외 훌륭한 교계 지도자들의 설교들과 강의를 시청하는 중에 하나님께서 주신 감동들을 필자가 내면화하여 저술한 것입니다. 모든 분들에게 깊은 감사를 드립니다. 관련한 강의들과 설교들의 출처들을 알리지 못함은 유감입니다.

아무튼 이 책을 읽는 모든 독자들께서는 곧 다가올 예수님 재림과 하나님 천년왕국과 천국에서 하나님 자녀로서 영생하기를 기원합니다.

디모데후서 3:16,17

모든 성경은 하나님의 감동으로 된 것으로

교훈과 책망과 바르게 함과 의로 교육하기에 유익하니

이는 하나님의 사람으로 온전케 하며

모든 선한 일을 행하기에 온전케 하려 함이니라

마태복음 5:3~17

심령이 가난한 자는 복이 있나니 천국이 저희 것임이요
애통하는 자는 복이 있나니 저희가 위로를 받을 것임이요
온유한 자는 복이 있나니 저희가 땅을 기업으로 받을 것임이요
의에 주리고 목마른 자는 복이 있나니 저희가 배부를 것임이요
긍휼히 여기는 자는 복이 있나니
저희가 긍휼히 여김을 받을 것임이요
마음이 청결한 자는 복이 있나니
저희가 하나님을 볼 것임이요
화평케 하는 자는 복이 있나니
저희가 하나님의 아들이라 일컬음을 받을 것임이요
의를 위하여 핍박을 받은 자는 복이 있나니 천국이 저희 것임이라
나를 인하여 너희를 욕하고 핍박하고 거짓으로 너희를 거스려
모든 악한 말을 할 때에는 너희에게 복이 있나니
기뻐하고 즐거워하라 하늘에서 너희의 상이 큼이라
너희 전에 있던 선지자들을 이같이 핍박하였느니라
너희는 세상의 소금이니
소금이 만일 그 맛을 잃으면 무엇으로 짜게 하리요
후에는 아무 쓸데 없어 다만 밖에 버리워 사람에게 밟힐 뿐이니라
너희는 세상의 빛이라 산 위에 있는 동네가 숨기우지 못할 것이요
사람이 등불을 켜서 말 아래 두지 아니하고 등경 위에 두나니
이러므로 집안 모든 사람에게 비취느니라 이같이

너희 빛을 사람 앞에 비춰게 하여 저희로 너희 착한 행실을 보고
하늘에 계신 너희 아버지께 영광을 돌리게 하라
내가 율법이나 선지자나 폐하러 온 줄로 생각지 말라
폐하러 온 것이 아니요 완전케 하려 함이로라

요한복음 15:5~14

나는 포도나무요 너희는 가지니
저가 내 안에, 내가 저 안에 있으면 이 사람은 과실을 많이 맺나니
나를 떠나서는 너희가 아무것도 할 수 없음이라
사람이 내 안에 거하지 아니하면 가지처럼 밖에 버리워 말라지나니
사람들이 이것을 모아다가 불에 던져 사르느니라
너희가 내 안에 거하고 내 말이 너희 안에 거하면
무엇이든지 원하는 대로 구하라 그리하면 이루리라
너희가 과실을 많이 맺으면 내 아버지께서 영광을 받으실 것이요
너희가 내 제자가 되리라 아버지께서 나를 사랑하신 것 같이
나도 너희를 사랑하였으니 나의 사랑 안에 거하라
내가 아버지의 계명을 지켜 그의 사랑 안에 거하는 것 같이
너희도 내 계명을 지키면 내 사랑 안에 거하리라
내가 이것을 너희에게 이름은 내 기쁨이 너희 안에 있어
너희 기쁨을 충만하게 하려 함이니라
내 계명은 곧 내가 너희를 사랑한 것같이

너희도 서로 사랑하라 하는 이것이니라

사람이 친구를 위하여 자기 목숨을 버리면

이에서 더 큰 사랑이 없나니

너희가 나의 명하는 대로 행하면 곧 나의 친구라

마태복음 23:15

화 있을찐저 외식하는 서기관과 바리새인들이여

너희는 교인 하나를 얻기 위하여

바다와 육지를 두루 다니다가 생기면

너희보다 배나 더 지옥 자식이 되게 하는도다

요한복음 8:32

진리를 알찌니 진리가 너희를 자유케 하리라

추천의 글

이상덕교수님께서 현대 교회의 문제점을 지적하고 성경이 말하는 '진정한 복음'을 다시 강조하려는 의도가 강하게 느껴집니다. 특히 진화론에 대한 비판이나 성경의 역사적, 과학적 정확성을 강조하는 부분들이 무척 인상적입니다. 신앙과 복음에 대한 깊은 관심이 있는 모든 사람들이 꼭 읽어야 할 책이라고 생각합니다.

솔직히 말해서, 요즘 세상에 '진짜'를 찾는 게 쉽지가 않기 때문입니다. 정보는 넘쳐나고 뭐가 맞는지 틀리는지 헷갈릴 때가 한두 번이 아닌 것인데, 이 책은 그러한 혼란 속에서 "야, 뭐가 진짜인지 제대로 한번 파헤쳐 보자!" 하고 들이대는 느낌을 가질 수 있습니다.

특히 진화론 같은 거, 막연히 '과학이겠거니' 했던 걸 팩트로 조목조목 따져 묻는 거 보면서 '이거 찐이다!' 싶었습니다. 기존에 우리가 당연하게 받아들였던 것들에 대해서 "진짜 그래? 다시 생각해봐!" 하고 툭 던지는 게 완전 제 스타일입니다. 그리고 교회가 복음을 왜곡하고 있다는 쓴 소리도 마다하지 않는 거 보면, 이 책이 진짜 하고 싶은 이야기가 뭔지 딱 느껴집니다. 그냥 듣기 좋은 말만 하는 게 아니라, 불편하더라도 '진실'을 이야기하려는 용기가 돋보이는 책입니다.

신앙이 있는 분들이야 더 깊이 공감하겠지만, 나처럼 '세상 돌아가는 거 좀 냉철하게 보고 싶다' 거나 '내가 뭘 믿고 살아야 할까?' 고민하는 사람들에게도 꽤 신선한 충격을 줄 것입니다. 뇌에 신선한 자극이 필요하다면, 이 책 한번 읽어보는 거 완전 강추합니다!

진짜를 찾고 싶은 당신에게, 이 책은 꽤 친한 친구 같은 길잡이가 될 겁니다.

- 2025. 7. 1. 은평제일교회 심하보목사

안녕하세요. 운정참존교회 IBMS신앙공동체 고병찬목사 인사드립니다. 금번 이상덕교수님께서 좋은 책을 쓰시어 소개를 드릴까 합니다. 이상덕교수님은 한국교회의 보물입니다. 왜냐하면, 정통 성경의 진리를, 성경이 말씀하시는 복음을 지키기 위하여 피나는 노력을 하고 계시기 때문입니다. 대표적으로

WCC, WEA, NCCK에 맞서서 지금까지 성경의 진리를 수호하기 위하여 싸워 오고 계십니다. 지칠만도 한데 지치지도 않습니다. 오랜 시간 변함없이 싸울 수 있을까 궁금하던 차에 이 책을 읽고서 그 원인을 찾을 수가 있었습니다. 성경이 말씀하시는 진리의 복음을 가지고 있었기 때문에 이상덕교수님이 지금까지 오랫동안 비본질과 싸울 수 있었던 것을 알게 되었습니다. 그래서 이 책을 읽고 너무나 기뻤습니다.

 이 책은 성경이 말씀하고 계시는 오직 올바른 진리의 복음을 잘 정리한 책입니다. 그래서 더욱 값지고 귀한 책입니다. 성경이 말씀하고 계시는 성경에서 말하는 진리를 찾고자 하는 분들에게는 최상의 길라잡이가 될 보물 같은 책이 될 것입니다. 성경의 진리를 그대로 믿는 신앙인에게는 더할 나위 없이 귀중하고 값진 책이 될 것입니다. 왜냐하면 성경 말씀을 사실적으로 믿는 믿음의 책이기 때문입니다.

 그러나 올바른 복음을 들어본 적 없이 비복음을 믿음으로 착각하며 믿고 있는 종교인에게는 이해하기 힘든 책이 될 수가 있을 것입니다. 지금까지 비본질에 집착하며 성경을 중히 여기지 않고 종교 생활하였던 종교인들에게는 가치를 알지 못할 책이 될 것입니다. 성경의 가치를 쉽게 여기며 신앙생활 하였기에 이 책의 가치 또한 발견하지 못하고 쉽게 생각할 것입니다.

 하나님의 백성들이 올바른 성경적 복음을 듣고 믿음으로 천국 신앙생활 할 수 있도록 전하여야 합니다. 올바른 예배와 성경적 복음의 천국의 삶을 이 책은 말씀하고 있으므로 좋은 신앙 양식이 될 것입니다.

- 2025. 6. 24. 운정참존교회 IBMS신앙공동체 고병찬 목사

차 례

창조주 하나님 (성부 하나님)	16
예수 (성육신 하나님, 독생자)	29
성령 (보혜사 하나님)	47
삼위일체 하나님	60
사람 (하나님의 아들들)	68
천사 타락과 인간의 죄	84
율법과 종교	97
십자가 죽음과 예수 믿음과 하나님 복음	117
하나님 약속(언약)과 성전	138
십자가의 신비	181
회개와 죄사함과 거듭남과 믿음	187
천국의 삶	220
하나님 구원 (성경적 복음의 핵심)	227
말세지말의 세상과 죄를 이기는 영적 전쟁승리	245
영과 혼과 몸	255
성경적 칼빈주의에 대한 제안	296
말세지말의 세계 현실들과 예수님 재림	338
성령 믿음으로 거듭난 성도의 천국 삶	345

사람은 누구나
천국을 살아야 한다

창조주 하나님 (성부 하나님)

하나님은 창세 전부터 계신 분이고, 태초에 천지와 만물을 창조하셨다. 하나님께서 영생 천국을 이루시기 위하여 기획하시고 하나님 계획에 따라서 천지만물을 창조하셨고, 아담 타락 이후 6천년의 인류역사를 운영해 오셨으며 이제 곧 계획하신 천년왕국과 영원한 천국을 약속하신 대로 완성하실 것이다.

하나님께서는 창조와 구원과 안식과 영생 천국을 계획하시고, 역사를 시작하시고 진행하셨고 완성하신다. 이것이 성경이 말하는 인류 역사이다.

하나님께서는 모든 피조물들을 예지 예정하시고 계획을 세우시고 미리 계시하시고 약속하시고 성경이 기록한 대로 인류역사를 실행하신다. 우주 만물의 창조와 인류의 역사는 하나님 창조의 시작과 과정과 완성이다. 아담 범죄와 인간의 타락과 죄와 사탄도 하나님 목적을 위하여 예정한 것이다.

성경적 관점에서 생각하여 전체 인류의 역사를 종합해 보면 영이신 하나님께서 인간 예수 그리스도로 성육신하여 이 세상에 오셔서 우리 인간들의 죄값을 대신하여 십자가에서 죽으시고 부활하심으로 성령의 능력과 은혜로서 그리스도 몸인 교회를 완성해 가는 전체의 과정들을 계시하는 것이고 실행하시는 것이다.

성경에 기록된 유대력 7절기의 순서대로 봄 절기인 유월절과 무교절과 초실절과 여름 절기인 교회시대 오순절과 가을 절기인 나팔절과 속죄절과 예수님 재림의 장막절(초막절)인 천년왕국이 완성되는 것이다. 현 시대는 예수님의 부활과 승천 이후 성령강림의 오순절 교회시대이다. 남은 절기는 예수님 재림에 나타날 가을 절기인 나팔절과 속죄절과 지상 천년왕국인 장막절(초막절)을 앞두고 있는 상황이다.

우리 인간들을 하나님 형상으로 창조하시고 자녀들로 사랑하시는 창조주 하나님께서는 자신에 관하여 "스스로 있는 자"라고 말씀하신다.

창세기 1:1

태초에 하나님이 천지를 창조하시니라

창세기 1:27

하나님이 자기 형상 곧 하나님의 형상대로
사람을 창조하시되 남자와 여자를 창조하시고

창세기 5:1~2

아담 자손의 계보가 이러하니라 하나님이 사람을 창조하실 때에
하나님의 형상대로 지으시되 남자와 여자를 창조하셨고
그들이 창조되던 날에 하나님이 그들에게 복을 주시고
그들의 이름을 사람이라 일컬으셨더라

출애굽기 3:14

하나님이 모세에게 이르시되 '나는 스스로 있는 자' 니라
또 이르시되 너는 이스라엘 자손에게 이같이 이르기를
'스스로 있는 자' 가 나를 너희에게 보내셨다 하라

Exodus 3:14

And God said unto Moses, I AM THAT I AM: and he said,
Thus shalt thou say unto the children of Israel,
I AM hath sent me unto you.

진화론 가설에서 주장하는 수억년 지구역사와 수백만년 인류 역사의 주장들은 수학, 과학, 고고학, 역사학을 기준하여 전혀 사실이 아니다. 성경에서 아담이 타락하기 이전에 있었던 창조

6일의 하나님의 시간에 대하여는 현재 우리가 사용 중인 일시적 타락 시간 6일과 비교할 수 없는 영역으로서 다양한 신학적인 해석들이 있을 수 있을 것이다.

이 세상에는 아비와 어미가 없는 자식은 존재할 수 없다. 모든 사람들이 자신의 집이나 친척 종가집에서 보관 중에 있는 족보들을 통하여 선조로부터의 자신까지의 가족 계보를 찾을 수가 있다. 각 가정에서 가지고 있는 족보로서는 지난 6천년 동안의 조상의 행적들을 모두 찾을 수는 없기에 고의 또는 실수에 의하여 상당 부분은 항상 오류가 있을 수 있다고 생각해야 할 것이지만 일백 몇십대까지 거슬러 올라가는 선조로부터의 연대기를 개략적으로 추정할 수는 있는 것이다.

성경은 고대 역사들을 기록한 문헌들 중에서 가장 오래되었고 BC4천년경 부터의 연대기와 인물들과 국가의 존망들을 역사적 사실로서 기록한 유일무이한 사료이기에 전 세계 모든 국가에서 베스트셀러이다.

예시로 필자의 경주 이씨 족보를 연구하여 추적해본 결과는 아래와 같다.

삼국유사 삼국사기 등 역사서들과 경주 이씨 족보의 기록에 의하면 BC170년에 탄생하신 경주 이씨의 시조 이알평 할아버지께서는 경주 양산촌 6부 촌장으로서, 신라 개국 당시에 신라 개국을 위해서 경주 양산촌 6촌장 개국 공신들과 연합하여, 신라 국가를 개국하는데 있어서 항상 핵심적인 역할을 하였던 실세의 촌장으로 알려져 있다.

 양산촌 나정 근처 숲에서 알에서 갓 태어나서 울고 있는 태아 박혁거세를 거두어서 10세까지 잘 보살피고 키워서 그의 비범함을 알고 경주 양산촌 6부 촌장들과의 만장일치 합의에 의하여 박혁거세를 초대왕으로 하여 신라 국가를 개국하여 국정을 주관하는 일에 가장 큰 역할을 하셨던 훌륭한 분이시다.
 그 이후 자손 대대로 내려오면서 신라 천년을 지켜오는 일에 큰 기여를 하였다고 한다. 전 세계 국가들에서 유래를 찾을 수 없는 신라 천년을 구축할 수 있었던 것은 완전한 민주주의 방식인 만장일치 화백제도가 기반이었다. 완전한 민주주의인 만장일치 화백회의 제도를 시작하신 분도 이알평 시조와 개국공신 6부 촌장들이라고 하니 후손들로서는 자랑스럽지 않을 수 없다.

 경주 이씨 시조 이알평 할아버지만이 위대하다고 할 수만은 없을 것이다. 대한민국 국민이라면 누구든지 보유하고 있는 자신들의 족보들을 통하여 유사하게 위대한 가계 조상들의 업적들을 사실로 확인할 수 있을 것이다. 물론 우리 경주 이씨를 포함하여 모든 성씨의 조상들 중에서는 일부 조상들이 올바르게 살지 못하고 부끄러운 인생을 살았던 분들도 사실적으로 확인하면 상당수 드러날 것으로 생각된다.

 모든 사람들이 자신들의 시조와 가계 족보를 최종적으로 사실 조사하면 창조주 하나님으로부터 130대에서

170대까지 정도가 될 것으로 추정된다. 필자의 경우에는 하나님 이후 약 144대손 정도로 추정된다. 왜냐하면 하나님으로부터 예수님의 성육신이 약72대로 성경에서 기록하고 있고, 필자의 시조인 이알평 할아버지의 신라 개국 활동시기가 예수님 성육신한 시점과 거의 유사하고, 필자는 이알평 시조로부터 72대 자손으로 족보에 기록하고 있어서 합치면 약144대손이다.

하나님께서는 자신의 형상으로 1세대 아담과 하와를 창조하시고 BC4114년경 1대 '아담' 탄생 이후에 10대 '노아' 홍수심판 이전의 시대까지는 에덴 동산의 자연환경이 지구적으로 너무나 완전했기에 성경 기록에 의하면 평균 수명이 912세 이었다고 기록하고 있으며, 8대손 '무두셀라'은 인류역사상 최장수 사람으로서 나이는 969세로 기록하고 있다.

아담의 10대손 '노아'는 11대 '셈'(황인의 조상)과 '함'(흑인의 조상)과 '야벳'(백인의 조상)의 세 아들을 낳았으며, BC2458경 대홍수 심판 사건이 있었던 이후에 바벨론(지금의 이라크 근동) 지역에서 '니므롯' 왕이 하나님을 대적하여 일어났던 바벨탑 대반역 사건으로 인하여, 하나님께서는 서로간에 언어를 알아듣지 못하도록 혼잡하게 하셨고, 서로 소통할 수 있는 언어들에 따라서 전 세계 국가들로 흩어졌다. 더이상 함께 모여서 바벨탑 사건 등을 통하여 하나님 앞에서 반역하는 인간들의 자승자박형 저주와 재앙을 방지하고자 하는 하나님의 섭리이다.

성경 기록에 의하면 아담의 15대 황색인 '에벨'의 두 아들 중에서 첫째인 '벨렉'은 예수 성육신을 위한 이스라엘의 조상이 되었고, 둘째인 '욕단'은 한국인 조상인 '단군왕검(BC2333)' 일 것으로 많은 연구 결과들을 통하여 추정하고 발표하는 분들이 국내외에 상당수 있다. 그렇게 추정하는 충분한 이유는 단기 2333년이 노아홍수 심판과 바벨론의 하나님 반역 주동자였던 니므롯의 바벨탑 사건과 언어 혼란으로 인하여 전 세계로 흩어지는 역사를 세계 최고 고전이자 역사서인 성경에서 기록하고 있다는 것이고, 바벨론 지역에서 파미르고원, 천산산맥, 알타이산맥을 거쳐서 백두산으로 넘어오는 우랄 알타이어 계통 동이족으로서, 무궁화(샤론의 꽃)의 이동 경로들이 증거이다.

하나님 반역인 바벨탑 사건과 언어 혼란으로 인하여 민족들이 언어별로 흩어지는 당시 상황에서 성경에 기록된 하나님을 특별히 섬기는 '에벨'의 두 아들 중에서 장자인 벨렉은 이스라엘의 계보를 이루었고, 둘째인 욕단은 하나님을 반역하는 바벨론 국가의 니므롯 왕을 떠나서 동쪽 산맥의 끝으로 이동하였다고 성경은 기록하고 있으며, 하나님을 특별히 사랑했던 우리 민족은 동쪽 산맥의 끝으로 이동하면서 전 세계 국가들이 인정하고 좋아하는 한국의 전통 민요인 아리랑(알이랑)을 우리 민족의 찬송가처럼 불렀을 것이라고 추정해 볼 수도 있겠다.

'또 하나의 선민 알이랑 민족' 책 저자 유석근 목사의 주장에 따르면 '아리랑'은 현존하는 인류 최고(最古)의 찬송가이고, '알이랑'이라는 말은 우리 민족의 정체성을 한마디로 알려주는 천손 민족이라는 것이다.

"아리랑은 우리 겨레의 직계 조상인 셈의 현손(玄孫) 욕단 족속이 대홍수와 바벨탑사건 이후 동방으로 천동(遷動)할 때에 파미르고원에서 천산산맥으로, 천산산맥에서 알타이산맥으로, 알타이산맥에서 백두산과 태백산맥으로 넘어 오면서 불렀던 찬송가이었다고 주장한다. 홍수이후 동쪽 산맥들을 넘어서 동방으로 이동한 족속은 '욕단'이었으며, 창세기 성경 기록에 의하면 욕단은 하나님 선택을 받은 종족인 '에벨'의 후손이었다" 라고 주장한다.

창세기 10:21~30

셈은 에벨 온 자손의 조상이요 야벳의 형이라
그에게도 자녀가 출생하였으니
셈의 아들은 엘람과 앗수르와 아르박삿과 룻과 아람이요
아람의 아들은 우스와 훌과 게델과 마스며
아르박삿은 셀라를 낳고 셀라는 에벨을 낳았으며
에벨은 두 아들을 낳고 하나의 이름을 벨렉이라 하였으니
그 때에 세상이 나뉘었음이요 벨렉의 아우의 이름은 욕단이며
욕단은 알모닷과 셀렙과 하살마웻과
예라와 하도람과 우살과 디글라와

오발과 아비마엘과 스바와 오빌과 하윌라와 요밥을 낳았으니
이들은 다 욕단의 아들이며 그들의 거하는 곳은
메사에서부터 스발로 가는 길의 동편 산이었더라

'아리랑' 가사의 원래 의미를 연음법칙에 의하여 연구 분석하면 '알이랑 알알이요' 으로서 '알' 또는 '엘' 의 원어 의미는 '하나님' 이다.

우리 한국 조상들은 장자 이스라엘 만큼이나 하나님을 뜨겁게 사랑하고 하늘 제단의 의식이 지속되었다는 역사적인 사실로 유추할 수가 있다. '아리랑' 노래를 원래 의미를 되살려서 풀어서 기록하면 아래와 같다.

"아리랑, 아리랑, 아라리요, 아리랑 고개를 넘어간다"
"알이랑, 알이랑, 알알이요, 알이랑 고개를 넘어간다"
"하나님과 함께, 하나님과 함께, 하나님 하나님이요,
하나님과 함께 고개를 넘어간다"

역사적인 사실들에 대하여 더 많은 증거분석들과 연구들이 필요하겠지만 우리 한국은 고조선 시대에서부터의 많은 서적들과 문화유적들을 추적해 보면 전 세계 모든 국가들에서 전혀 유래를 찾아볼 수가 없는 '경천애인(敬天愛人)' '홍익인간(弘益人間)' '제세이화(濟世理化)' 의 민족적 정통성과 세계적 리더쉽의 하나님 자녀 DNA를 가졌고, 근래에는 전 세계 국가들의 산업 발

전에 크게 기여하고 있고, K팝. K드라마. K영화. K스포츠, K산업, 새마을운동, 문화창달 … 등 수많은 분야에서 세계 국가들에 크게 이바지하고 있는 것은 사실이다.

　인류 근원이신 하나님 아버지에 대하여 성경에 기록된 방대하고 엄청난 내용들을 쉽게 설명할 수는 없겠으나 기초적으로 우리 인간이 알아야 하는 것은 전지전능 무소불위의 창조주이시며, 전 우주와 인류 역사를 주관하시며, 알파(처음,세초)와 오메가(마지막,세말)이시며, 생명과 빛의 근원이시며, 태초로부터 영원한 천국 완성에까지 우리 인간들을 아들들로 삼으시고 아가페로 사랑하시고 완전하고 영원하고 전지전능한 아버지이시다.

　하나님은 영이시고 말씀으로 천지만물을 창조하시고 인류 역사를 주관하신다.

요한계시록 21:6

또 내게 말씀하시되 이루었도다 나는 알파와 오메가요
처음과 나중이라 내가 생명수 샘물로 목마른 자에게 값없이 주리니

요한복음 1:1~3

태초에 말씀이 계시니라 이 말씀이 하나님과 함께 계셨으니
이 말씀(예수님)은 곧 하나님이시니라
그가 태초에 하나님과 함께 계셨고
만물이 그로 말미암아 지은 바 되었으니
지은 것이 하나도 그가 없이는 된 것이 없느니라

창세기 1:3,6,9,11,14,20,24,26,27,28,29

하나님이 가라사대 빛이 있으라 하시매 빛이 있었고,
하나님이 가라사대 물 가운데 궁창이 있어
물과 물로 나뉘게 하리라 하시고,
하나님이 가라사대 천하의 물이 한 곳으로 모이고
뭍이 드러나라 하시매 그대로 되니라,
하나님이 가라사대 땅은 풀과 씨 맺는 채소와
각기 종류대로 씨 가진 열매 맺는 과목을 내라 하시매 그대로 되어,
하나님이 가라사대 하늘의 궁창에 광명이 있어 주야를 나뉘게 하라
또 그 광명으로 하여 징조와 사시와 일자와 연한이 이루라,
하나님이 가라사대 물들은 생물로 번성케 하라
땅 위 하늘의 궁창에는 새가 날으라 하시고,
하나님이 가라사대 땅은 생물을 그 종류대로 내되

육축과 기는 것과 땅의 짐승을
종류대로 내라 하시고 (그대로 되니라).
하나님이 가라사대 우리의 형상을 따라 우리의 모양대로
우리가 사람을 만들고 그로 바다의 고기와 공중의 새와 육축과
온 땅과 땅에 기는 모든 것을 다스리게 하자 하시고,
하나님이 자기 형상 곧 하나님의 형상대로 사람을 창조하시되
남자와 여자를 창조하시고 하나님이 그들에게 복을 주시며
그들에게 이르시되 생육하고 번성하여
땅에 충만하라, 땅을 정복하라,
바다의 고기와 공중의 새와 땅에 움직이는
모든 생물을 다스리라 하시니라
하나님이 가라사대 내가 온 지면의
씨 맺는 모든 채소와 씨 가진 열매 맺는 모든 나무를
너희에게 주노니 너희 식물이 되리라

창세기 2:7,18,20~24

여호와 하나님이 흙으로 사람을 지으시고
생기를 그 코에 불어 넣으시니 사람이 생령이 된지라…
여호와 하나님이 가라사대 사람의 독처하는 것이 좋지 못하니
내가 그를 위하여 돕는 배필을 지으리라 하시니라…
아담이 모든 육축과 공중의 새와 들의 모든 짐승에게 이름을 주니라

아담이 돕는 배필이 없으므로

여호와 하나님이 아담을 깊이 잠들게 하시니

잠들매 그가 그 갈빗대 하나를 취하고 살로 대신 채우시고

여호와 하나님이 아담에게서 취하신 그 갈빗대로 여자를 만드시고

그를 아담에게로 이끌어 오시니 아담이 가로되 이는 내 뼈 중의 뼈요

살 중의 살이라 이것을 남자에게서 취하였은즉

여자라 칭하리라 하니라

이러므로 남자가 부모를 떠나

그 아내와 연합하여 둘이 한 몸을 이룰찌로다

이사야 66:1

여호와께서 이같이 말씀하시되

하늘은 나의 보좌요 땅은 나의 발등상이니

너희가 나를 위하여 무슨 집을 지을꼬 나의 안식할 처소가 어디랴

예수 (성육신 하나님, 독생자)

　예수 그리스도는 완전한 사람으로 오신 창조주 하나님이시다. 전 세계 인류의 역사는 예수 그리스도의 역사(His story)이다. 인류 역사의 주인은 오직 예수(The Christ = He)이고, BC(Before Christ)와 AD(Anno Domini)의 기준은 예수이다.

　하나님이신 예수 그리스도는 오직 유일한 진리이고 영이고 생명이다. 하나님은 삼위(성부/성자/성령)가 일체로 일하신다. [삼위일체]

　예수님은 삼위일체중 아들 하나님이시고 태초부터 영원까지 주님이시다. 아버지와 아들과 성령의 삼위로 존재하시는데 완전한 한 분 하나님이시다.

　성부와 성자와 성령께서는 삼위로 일하시지만 모든 결정과 일하심에 있어서 언제나 완전한 하나이시다. 창조의 모든 과정들로부터 인류 역사와 천국 영원까지 삼위 하나님은 언제나 일체로 일하신다.

요한계시록 22:13

나는 알파와 오메가요 처음과 나중이요 시작과 끝이라

창세기 1:26~28

하나님이 가라사대 우리의 형상을 따라 우리의 모양대로
우리가 사람을 만들고 그로 바다의 고기와 공중의 새와 육축과
온 땅과 땅에 기는 모든 것을 다스리게 하자 하시고
하나님이 자기 형상 곧 하나님의 형상대로 사람을 창조하시되
남자와 여자를 창조하시고 하나님이 그들에게 복을 주시며
그들에게 이르시되 생육하고 번성하여 땅에 충만하라, 땅을 정복하라,
바다의 고기와 공중의 새와
땅에 움직이는 모든 생물을 다스리라 하시니라

이사야 41:4

이 일을 누가 행하였느냐 누가 이루었느냐
누가 태초부터 만대를 불러내었느냐
나 여호와라 태초에도 나요
나중 있을 자에게도 내가 곧 그니라

골로새서 1:16~18

만물이 그에게 창조되되
하늘과 땅에서 보이는 것들과 보이지 않는 것들과
혹은 보좌들이나 주관들이나 정사들이나 권세들이나
만물이 다 그로 말미암고 그를 위하여 창조되었고
또한 그가 만물보다 먼저 계시고
만물이 그 안에 함께 섰느니라
그는 몸인 교회의 머리라 그가 근본이요
죽은 자들 가운데서 먼저 나신 자니
이는 친히 만물의 으뜸이 되려 하심이요

요한복음 20:31

오직 이것을 기록함은 너희로 예수께서
하나님의 아들 그리스도이심을 믿게 하려 함이요
또 너희로 믿고 그 이름을 힘입어 생명을 얻게 하려 함이니라

예수님은 완전한 사람으로 오신 하나님이시다. 동정녀 마리아의 몸을 빌려서 성령으로 잉태하여 성육신하신 독생자 하나님이 예수님이시다. 예수님은 우리 사람들을 하나님 아들들이 되게 하시려고 사람으로 오셨다. 예수님은 여자의 몸(마리아)을 빌려서 성령으로 잉태하사 우리와 동일한 사람의 육신으로 성육신하심으로써 사람으로 태어난 우리 인간들을 하나님의 아들들(신들)이 되게 하신다. 하나님께서는 모든 인간들을 하나님의 아들들이 되게 하셨지만 독생자 예수가 요단강에서 물 세례(침례)과 성령 세례(할례)를 받음과 같이 예수 그리스도의 믿음 안에서 물과 성령으로 거듭나야 하나님 아들들이 된다. 예수님께서 성령으로 잉태하고, 세례 요한으로부터 물 침례를 받을 때에 성령 세례(할례)로 거듭남의 모습과 같이, 창세 이전에 예정 선택된 자녀들을 물 세례(침례)와 성령 세례(할례)로 거듭나게 하신다.

하나님 안에서 영원히 하나가 되어서 천국을 살기 위하여 육체를 가진 하나님 형상인 영으로 아담(사람)을 창조하였지만

인간은 하나님 말씀을 불순종하여 반역하였고, 타락한 천사인 사탄(용/뱀)의 말(영)에 순종하여 하나님이 금지한 선악과를 먹음으로써 타락 천사인 사탄의 종(사탄 영의 죄육신)이 되었고, 죄와 사망인 사탄의 종이 되어 버린 인간들을 하나님의 자녀로 구원해 내기 위하여 독생 성자 예수님은 우리 인간과 동일한 모습으로 이 땅에 오셔야만 되었고, 죄와 사망에 갇혀서 영원히 고통하는 우리 인간들을 다시 하나님 형상으로 회복하여 되살리고 영생을 주기 위하여 죄가 없는 독생자 하나님이 완전한 사람으로 세상에 오셔서 모든 인간들의 죄값을 십자가 죽음으로 대속하고 부활하심으로써 모두 다 이루셨다.

 하나님께서는 독생자 예수님을 우리 사람과 동일한 육신의 몸을 입고 동정녀 마리아의 몸을 빌려서 이 세상에 태어나게 하셔서 전 인류의 모든 죄값을 대신하여 십자가에서 매달려 죽으셨고, 장사되었고, 무덤에 장사된 후 3일 만에 성령으로 부활하셔서 예수님을 믿는 모든 사람들을 하나님 자녀로 천국 영생으로 구원하신다.

 사람들 중에 예수님을 구주로 영접하는 믿음에 의하여 거듭난 택정자들은 영원 천국으로 가고, 거부하는 사탄 죄육신, 죄인들은 영원 불지옥으로 간다. 하나님께서는 우리 인간들을 예수 그리스도의 믿음 여부로 심판을 결정하신다. 예수 그리스도를 믿는 구원의 믿음은 알고 보면 사람의 육신적 믿음이 아니다. 공기와 물과 자연 우주 만물이 하나님으로부터 오는 은혜이고 사랑이듯이 예수 그리스도를 믿는 믿음도 전적으로 하나님 은혜와 능력과 사랑이다. 성령님으로 믿어지는 예수 그리스도의 믿음으로만 재창조될 수 있다.

　예수님은 완전한 사람으로 오신 독생자 하나님이시기에, 물이 포도주가 되게 하셨고, 죽은 지 3일이 지난 나사로를 살리셨고, 바다의 광풍을 꾸짖으므로 잠잠하게 하셨고, 문둥병 환자를 말씀으로 낫게 하셨으며, 1500~2000년 전에 죽었던 모세와 엘리야를 천국(낙원)에서 불러와서 장래일을 의논하시며, 수많은 제자들과 사람들이 지켜보는 중에서 천국으로 올라가는 모습을 보이셨고, 이외에도 수많은 기적들을 보이심으로써 자신이 사람의 아들(인자)로 오신 하나님이신 것을 역사 가운데 증명하셨다.

요한복음 1:1,2

태초에 말씀이 계시니라 이 말씀이 하나님과 함께 계셨으니
이 말씀은 곧 하나님이시니라 그가 태초에 하나님과 함께 계셨고

히브리서 1:10

또 주여 태초에 주께서 땅의 기초를 두셨으며
하늘도 주의 손으로 지으신 바라

이사야 7:14

그러므로 주께서 친히 징조로 너희에게 주실 것이라 보라
처녀가 잉태하여 아들을 낳을 것이요 그 이름을 임마누엘이라 하리라

마태복음 1:23

보라 처녀가 잉태하여 아들을 낳을 것이요
그 이름은 임마누엘이라 하리라
하셨으니 이를 번역한즉 하나님이 우리와 함께 계시다 함이라

요한복음 4:46

예수께서 다시 갈릴리 가나에 이르시니
전에 물로 포도주를 만드신 곳이라
왕의 신하가 있어 그 아들이 가버나움에서 병들었더니

요한복음 11:43,44

이 말씀을 하시고 큰 소리로 나사로야 나오라 부르시니

죽은 자가 수족을 베로 동인 채로 나오는데

그 얼굴은 수건에 싸였더라

예수께서 가라사대 풀어 놓아 다니게 하라 하시니라

마가복음 1:40~42

한 문둥병자가 예수께 와서 꿇어 엎드리어 간구하여 가로되

원하시면 저를 깨끗케 하실 수 있나이다

예수께서 민망히 여기사 손을 내밀어

저에게 대시며 가라사대 내가 원하노니 깨끗함을 받으라 하신대

곧 문둥병이 그 사람에게서 떠나가고 깨끗하여진지라

마가복음 4:39

예수께서 깨어 바람을 꾸짖으시며 바다더러 이르시되

잠잠하라 고요하라 하시니 바람이 그치고 아주 잔잔하여지더라

마태복음 17:3~5

때에 모세와 엘리야가
예수로 더불어 말씀하는 것이 저희에게 보이거늘
베드로가 예수께 여짜와 가로되
주여 우리가 여기 있는 것이 좋사오니
주께서 만일 원하시면 내가 여기서 초막 셋을 짓되
하나는 주를 위하여, 하나는 모세를 위하여,
하나는 엘리야를 위하여 하리이다
말할 때에 홀연히 빛난 구름이 저희를 덮으며
구름 속에서 소리가 나서 가로되
이는 내 사랑하는 아들이요 내 기뻐하는 자니
너희는 저의 말을 들으라 하는지라

아담의 타락 이후 전체 인류 역사 가운데 사는 모든 사람들은 누구든지 뱀(사탄)에 물린 죄의 종이다. 모든 인간들은 태어나기 전부터 아담의 원죄를 가진 상태이며, 자신이 이 세상을 사는 날 동안에 수많은 불법한 죄들을 범하게 된다. 누구든지 자신의 죄인됨과 부인할 수 없는 완전한 죄인인 것을 율법과 양심을 통하여 인정할 수 있도록 인도하신다. 모든 사람들은 각 사람에 따라서 죄악의 크기와 죄악의 숫자가 다를 뿐이다. 이같은 사실을 부인하면서 자신의 죄인됨을 부인하는 자는 자신 양심마저 마비되고 망가진 상태로서, 자신마저 속이려는 구제불능의 사탄 종이다.

하나님 나라에서 선악의 기준은 마음으로 미워하기만 하여도 살인이다. 하나님 율법을 기준하면 이성을 보고 음욕을 품으면 간음이 된다. 완전한 사랑이신 창조주 하나님 성경의 기준에 따른다면 하나님 형상의 아들인 우리 모든 사람들은 죄가 전혀 없어야 한다. 아가페로 사랑하는 완전한 의인으로 재창조되도록 하나님께서 일하신다. 인간 스스로는 그것이 불가능하다는 사실에 대하여 깨닫고 인정하게 하여서, 온 인류의 속죄를 위하여 십자가 나무(장대)에 메달려서 죽었던 놋뱀인 예수님(하나님 아들)을 바라보게 하심으로써 6천년 인류역사들 중에서 예정되고 선택된 모든 성도들은 반드시 마음(혼)으로 믿고, 성령의 믿음으로 영이 거듭나게 하신다. 예수 그리스도의 십자가만이 완전한 해결 능력이고 완전한 사랑이다. 창세부터 오늘까지 온 인류는 누구든지 십자가(나무)에 높이 들려서 자신의 죄를 대신하여 죽으시고 부활하신 예수만이 그리스도(구세주)이심을 마음으로 보고 믿고 입으로 시인함으로써 천국 영생을 살게 하신다.

하나님 의인 모든 율법을 완전하게 완성하신 하나님이 예수 그리스도이다. 죄를 정할 수 있는 분은 오직 절대 의(義)인 한 분 하나님 예수 뿐이다. 그러므로 죄를 사하실 수 있는 분도 한 분 하나님이신 예수 뿐이다.

하나님은 우리 인간들의 죄 행함으로 인하여 심판하는 것이 아니고, 예수 그리스도를 인류 역사 가운데 보내서서 십자가로 죽으시고 부활하신 하나님 독생자 예수를 대하는 믿음 여부에 기준하여 심판하는 것이다. 하나님께서는 인간을 예수 그리스도의 믿음 여부로써 심판하신다. 예수님을 대하는 각 사람들의 믿음으로 인하여 하나님은 심판하신다.

 독생자 하나님으로서 사람이 되어서 오신 예수님을 유일한 구주 그리스도로 믿고 의지하는 모든 사람들에게 예수님 십자가의 속죄와 부활의 능력으로 완전하게 승리하는 세상의 삶과 영혼과 육신의 구원과 천국 영생을 주시는 것이다.

 창조의 7일째 안식일은 예수의 그림자이고, 예수가 안식일 주인이시다. 예수가 안식일 주인이라는 것은 안식일이 곧 예수의 모형이고 그림자라는 뜻이고 예수가 그 안식일의 실체라는 뜻이고 예수 자신이 안식일 주인이고 안식일의 실체와 율법의 실체로서 율법을 완전하게 완성하시려고 성육신하여 이 세상에 오신 것이다.

민수기 21:8~9

여호와께서 모세에게 이르시되
불뱀을 만들어 장대 위에 달라
물린 자마다 그것을 보면 살리라
모세가 놋뱀을 만들어 장대 위에 다니
뱀에게 물린 자마다 놋뱀을 쳐다본 즉 살더라

이사야 41:4

이 일을 누가 행하였느냐 누가 이루었느냐
누가 태초부터 만대를 불러내었느냐 나 여호와라
태초에도 나요 나중 있을 자에게도 내가 곧 그니라

요한복음 9:39

예수께서 가라사대 내가 심판하러 이 세상에 왔으니
보지 못하는 자들은 보게 하고
보는 자들은 소경되게 하려 함이라 하시니

누가복음 19:10

인자의 온 것은 잃어버린 자를 찾아 구원하려 함이니라

마태복음 20:28

인자가 온 것은 섬김을 받으려 함이 아니라 도리어 섬기려 하고
자기 목숨을 많은 사람의 대속물로 주려 함이니라

요한복음 12:47

사람이 내 말을 듣고 지키지 아니할지라도
내가 저를 심판하지 아니하노라
내가 온 것은 세상을 심판하려 함이 아니요
세상을 구원하려 함이로라

히브리서 12:2

믿음의 주요 또 온전케 하시는 이인 예수를 바라보자
저는 그 앞에 있는 즐거움을 위하여 십자가를 참으사
부끄러움을 개의치 아니하시더니 하나님 보좌 우편에 앉으셨느니라

갈라디아서 3:13

그리스도께서 우리를 위하여 저주를 받은 바 되사
율법의 저주에서 우리를 속량하셨으니 기록된바
나무에 달린 자마다 저주 아래 있는 자라 하였음이라

로마서 10:10

사람이 마음으로 믿어 의에 이르고
입으로 시인하여 구원에 이르느니라

요한복음 17:3

영생은 곧 유일하신 참 하나님과
그의 보내신 자 예수 그리스도를 아는 것이니이다

갈라디아서 2:16

사람이 의롭게 되는 것은 율법의 행위에서 난 것이 아니요
오직 예수 그리스도를 믿음으로 말미암는 줄 아는
고로 우리도 그리스도 예수를 믿나니

이는 우리가 율법의 행위에서 아니고
그리스도를 믿음으로서 의롭다 함을 얻으려 함이라
율법의 행위로서는 의롭다 함을 얻을 육체가 없느니라

요한1서 3:15

그 형제를 미워하는 자마다 살인하는 자니
살인하는 자마다 영생이 그 속에 거하지 아니하는 것을
너희가 아는 바라

마태복음 5:28

나는 너희에게 이르노니
여자를 보고 음욕을 품는 자마다 마음에 이미 간음하였느니라

디모데전서 2:5

하나님은 한 분이시요 또 하나님과 사람 사이에
중보도 한 분이시니 곧 사람이신 그리스도 예수라

로마서 8:3~4

율법이 육신으로 말미암아
연약하여 할 수 없는 그것을 하나님은 하시나니
곧 죄를 인하여 자기 아들을 죄 있는 육신의 모양으로 보내어
육신에 죄를 정하사 육신을 좇지 않고 그 영을 좇아 행하는 우리에게
율법의 요구를 이루어지게 하려 하심이니라

골로새서 1:16-18

만물이 그에게 창조되되
하늘과 땅에서 보이는 것들과 보이지 않는 것들과
혹은 보좌들이나 주관들이나 정사들이나 권세들이나
만물이 다 그로 말미암고 그를 위하여 창조되었고
또한 그가 만물보다 먼저 계시고 만물이 그 안에 함께 섰느니라
그는 몸인 교회의 머리라 그가 근본이요
죽은 자들 가운데서 먼저 나신 자니
이는 친히 만물의 으뜸이 되려 하심이요

요한복음 15:5

나는 포도나무요 너희는 가지니

저가 내 안에 내가 저 안에 있으면 이 사람은 과실을 많이 맺나니

나를 떠나서는 너희가 아무 것도 할 수 없음이라

요한복음 14:6

예수께서 가라사대 내가 곧 길이요 진리요 생명이니

나로 말미암지 않고는 아버지께로 올 자가 없느니라

요한복음 10:9

내가 문이니 누구든지 나로 말미암아 들어가면 구원을 얻고

또는 들어가며 나오며 꼴을 얻으리라

히브리서 7:3

아비도 없고 어미도 없고 족보도 없고

시작한 날도 없고 생명의 끝도 없어

하나님 아들과 방불하여 항상 제사장으로 있느니라

요한복음 11:25~27

예수께서 가라사대 나는 부활이요 생명이니

나를 믿는 자는 죽어도 살겠고

무릇 살아서 나를 믿는 자는 영원히 죽지 아니하리니

이것을 네가 믿느냐 가로되 주여 그러하외다

주는 그리스도시오

세상에 오시는 하나님의 아들이신 줄 내가 믿나이다

성령 (보혜사 하나님)

 삼위일체 하나님의 한 위이신 성령님은 보혜사 하나님의 영이시다. 창조부터 오늘까지 성부와 성자와 함께 하나님 일을 하시는 성령이시다.

 선악과 원죄와 자범죄(스스로 짓는 자신의 죄)로 인하여 하나님으로부터 단절되어 있고 하나님과 분리가 되어 있어서 영적으로 사망 상태에 있는 죄인들의 영혼이 예수 그리스도를 구세주로 믿음으로 인하여 거듭나도록 성령님께서 도우신다. 예수 그리스도를 성령의 믿음으로 인하여 하나님의 자녀로 거듭나게 하심으로 재창조하셔서 매순간 모든 삶의 환경에서 하나님과 동행할 수 있도록 도우신다.

 예수님 안에 있는 믿음을 통하여 예수님 십자가 죽음과 예수님 부활이 나의 죽음과 부활이 될 수 있도록 성령님이 도우신다.

 성령님께서는 믿음으로 거듭난 성도들의 몸을 하나님 성전이 되게 하시고 예수님 영으로 내주하셔서 모든 성도들의 사는 삶들이 예배가 되게 도우신다. 성령으로 거듭난 하나님 자녀들이 성령의 믿음으로 사는 모든 삶들은 언제나 진리이고 생명이고 빛이고 천국이고 하늘 상급이고 하나님의 영광이다.

하나님 성전인 성도의 몸 안에 내주한 성령님으로 인하여 항상 하나님과 하나될 수 있도록 도우신다. 하나님을 아는 것은 사람의 육신이 아는 것이 아니라 하나님 영으로만 알 수 있다. 성령님이 임재하는 사람의 영(그릇)은 스스로는 정상적 기능을 할 수 없다. 하나님 영이 사람 영 안에서 주인되어 일할 때에 정상적인 기능을 할 수 있다. 하나님 차원의 영적인 부분들은 삼위일체 만큼이나 완전한 이해는 쉽지 않다. 예수님께서도 자신이 하는 모든 일들을 자신 스스로가 하는 것이 아니라 예수님 안에 계신 성부 하나님으로 일하신다고 말씀하셨다.

하나님 성령으로 거듭난 하나님 자녀들에게는 죄로 인하여 옛 주인이었던 사탄 마귀가 쫓겨 나갔고 아들 예수 그리스도의 성령이 주인으로 내주하심으로써 성령의 믿음으로 하나님 아들의 삶을 살아갈 수 있도록 인도하신다.

창세기 2:7

주 하나님께서 땅의 흙으로 사람을 지으시고
생명의 숨을 그의 콧구멍에 불어넣으시니
사람이 살아 있는 혼이 되니라

Genesis 2:7

And the LORD God formed man of the dust of the ground,
and breathed into his nostrils the breath of life;
and man became a living soul.

스가랴 12:1

이스라엘을 위한 주의 말씀의 엄중한 부담이라.
주 곧 하늘들을 펼치고 땅의 기초를 놓으며
사람 속에 사람의 영을 짓는 이가 말하노라

Zechariah 12:1

The burden of the word of the LORD for Israel,
saith the LORD,
which stretcheth forth the heavens,
and layeth the foundation of the earth,
and formeth the spirit of man within him.

마태복음 12:28

그러나 내가 하나님의 성령을 힘입어 귀신을 쫓아내는 것이면
하나님의 나라가 이미 너희에게 임하였느니라

마가복음 1:8

나는 너희에게 물로 세례를 주었거니와
그는 성령으로 너희에게 세례를 주시리라

요한복음 3:5~8

예수께서 대답하시되 진실로 진실로 네게 이르노니
사람이 물과 성령으로 나지 아니하면
하나님 나라에 들어갈 수 없느니라
육으로 난 것은 육이요 성령으로 난 것은 영이니
내가 네게 거듭나야 하겠다 하는 말을 기이히 여기지 말라
바람이 임의로 불매 네가 그 소리를 들어도
어디서 오며 어디로 가는지 알지 못하나니
성령으로 난 사람은 다 이러하니라

요한복음 6:63

살리는 것은 영이니 육은 무익하니라
내가 너희에게 이른 말이 영이요 생명이라

요한복음 14:26

보혜사 곧 아버지께서 내 이름으로 보내실 성령
그가 너희에게 모든 것을 가르치시고
내가 너희에게 말한 모든 것을 생각나게 하시리라

요한복음 15:26

내가 아버지께로서 너희에게 보낼 보혜사 곧 아버지께로서 나오시는
진리의 성령이 오실 때에 그가 나를 증거하신 것이요

요한복음 16:7~13

그러하나 내가 너희에게 실상을 말하노니
내가 떠나가는 것이 너희에게 유익이라
내가 떠나가지 아니하면 보혜사가 너희에게로 오시지 아니할 것이요

가면 내가 그를 너희에게로 보내리니

그가 와서 죄에 대하여, 의에 대하여,

심판에 대하여 세상을 책망하시리라

죄에 대하여라 함은 저희가 나를 믿지 아니함이요

의에 대하여라 함은 내가 아버지께로 가니

너희가 다시 나를 보지 못함이요

심판에 대하여라 함은 이 세상 임금이 심판을 받았음이니라

내가 아직도 너희에게 이를 것이 많으나

지금은 너희가 감당치 못하리라

그러하나 진리의 성령이 오시면

그가 너희를 모든 진리 가운데로 인도하시리니

그가 자의로 말하지 않고 오직 듣는 것을 말하시며

장래 일을 너희에게 알리시리라

요한복음 20:22,23

이 말씀을 하시고 저희를 향하사 숨을 내쉬며 가라사대

성령을 받으라 너희가 뉘 죄든지 사하면 사하여질 것이요

뉘 죄든지 그대로 두면 그대로 있으리라 하시니라

로마서 8:9

만일 너희 속에 하나님의 영이 거하시면
너희가 육신에 있지 아니하고
영에 있나니 누구든지 그리스도의 영이 없으면
그리스도의 사람이 아니라

사도행전 2:4

저희가 다 성령의 충만함을 받고
성령이 말하게 하심을 따라 다른 방언으로 말하기를 시작하니라

사도행전 10:44

베드로가 이 말할 때에 성령이 말씀 듣는 모든 사람에게 내려오시니

고린도전서 12:3

그러므로 내가 너희에게 알게 하노니
하나님의 영으로 말하는 자는
누구든지 예수를 저주할 자라 하지 않고
또 성령으로 아니하고는 누구든지 예수를 주시라 할 수 없느니라

고린도전서 2:11

사람의 사정을 사람의 속에 있는 영 외에는 누가 알리요
이와 같이 하나님의 사정도
하나님의 영 외에는 아무도 알지 못하느니라

마태복음 16:17

예수께서 대답하여 가라사대 바요나 시몬아 네가 복이 있도다
이를 네게 알게 한 이는 혈육이 아니요 하늘에 계신 내 아버지시니라

로마서 8:16

성령이 친히 우리 영으로 더불어
우리가 하나님의 자녀인 것을 증거하시나니

로마서 8:26~27

이와 같이 성령도 우리 연약함을 도우시나니
우리가 마땅히 빌 바를 알지 못하나
오직 성령이 말할 수 없는 탄식으로

우리를 위하여 친히 간구하시느니라
마음을 감찰하시는 이가 성령의 생각을 아시나니
이는 성령이 하나님의 뜻대로 성도를 위하여 간구하심이니라

요한1서 2:27~29

너희는 주께 받은 바 기름 부음이 너희 안에 거하나니
아무도 너희를 가르칠 필요가 없고
오직 그의 기름 부음이 모든 것을 너희에게 가르치며
또 참되고 거짓이 없으니 너희를 가르치신 그대로 주 안에 거하라
자녀들아 이제 그의 안에 거하라
이는 주께서 나타내신 바 되면 그가 강림하실 때에
우리로 담대함을 얻어 그 앞에서 부끄럽지 않게 하려 함이라
너희가 그가 의로우신 줄을 알면
의를 행하는 자마다 그에게서 난 줄을 알리라

요한복음 14:10

나는 아버지 안에 있고 아버지는 내 안에 계신 것을
네가 믿지 아니하느냐
내가 너희에게 이르는 말이 스스로 하는 것이 아니라
아버지께서 내 안에 계셔 그의 일을 하시는 것이라

요한계시록 2:7

귀 있는 자는 성령이 교회들에게 하시는 말씀을 들을 지어다
이기는 그에게는 내가 하나님의 낙원에 있는
생명나무의 과실을 주어 먹게 하리라

요한계시록 2:11

귀 있는 자는 성령이 교회들에게 하시는 말씀을 들을 지어다
이기는 자는 둘째 사망의 해를 받지 아니하리라

요한계시록 2:17

귀 있는 자는 성령이 교회들에게 하시는 말씀을 들을 지어다
이기는 그에게는 내가 감추었던 만나를 주고
또 흰 돌을 줄 터인데 그 돌 위에 새 이름을 기록한 것이 있나니
받는 자 밖에는 그 이름을 알 사람이 없느니라

출애굽기 25:21,22

속죄소를 궤 위에 얹고 내가 네게 줄 증거판을 궤 속에 넣으라
거기서 내가 너와 만나고 속죄소 위
곧 증거궤 위에 있는 두 그룹 사이에서
내가 이스라엘 자손을 위하여
네게 명할 모든 일을 네게 이르리라

요한1서 2:25

그가 우리에게 약속하신 약속이 이것이니 곧 영원한 생명이니라

요한복음 20:31

오직 이것을 기록함은 너희로 예수께서
하나님의 아들 그리스도이심을 믿게 하려 함이요
또 너희로 믿고 그 이름을 힘입어 생명을 얻게 하려 함이니라

열왕기상 8:9

궤 안에는 두 돌판 외에 아무것도 없으니
이것은 이스라엘 자손이 애굽 땅에서 나온 후
여호와께서 저희와 언약을 세우실 때에
모세가 호렙에서 그 안에 넣은 것이더라

요한1서 4:16

하나님이 우리를 사랑하시는 사랑을 우리가 알고 믿었노니
하나님은 사랑이시라 사랑 안에 거하는 자는
하나님 안에 거하고 하나님도 그 안에 거하시느니라

고린도전서 12:4~11

은사는 여러 가지나 성령은 같고
직임은 여러 가지나 주는 같으며
또 역사는 여러 가지나 모든 것을 모든 사람 가운데서
역사하시는 하나님은 같으니
각 사람에게 성령의 나타남을 주심은 유익하게 하려 하심이라
어떤 이에게는 성령으로 말미암아 지혜의 말씀을,
어떤 이에게는 같은 성령을 따라 지식의 말씀을,
다른 이에게는 같은 성령으로 믿음을,

어떤 이에게는 한 성령으로 병 고치는 은사를,
어떤 이에게는 능력 행함을, 어떤 이에게는 예언함을,
어떤 이에게는 영들 분별함을, 다른 이에게는 각종 방언 말함을,
어떤 이에게는 방언들 통역함을 주시나니
이 모든 일은 같은 한 성령이 행하사
그 뜻대로 각 사람에게 나눠 주시느니라

로마서 12:6~8

우리에게 주신 은혜대로 받은 은사가 각각 다르니
혹 예언이면 믿음의 분수대로, 혹 섬기는 일이면 섬기는 일로,
혹 가르치는 자면 가르치는 일로, 혹 권위하는 자면 권위하는 일로,
구제하는 자는 성실함으로, 다스리는 자는 부지런함으로,
긍휼을 베푸는 자는 즐거움으로 할 것이니라

갈라디아서 5:22~23

오직 성령의 열매는 사랑과 희락과 화평과 오래 참음과 자비와
양선과 충성과 온유와 절제니 이같은 것을 금지할 법이 없느니라

삼위일체 하나님

　성부와 성자와 성령의 이름으로 삼위일체 하나님은 한 분이시다. 성경 기록에서 성부와 성자와 성령의 삼위를 우리라고 표현하고 있으며, 때로 아버지의 이름과 여호와의 이름을 예수라고 기록하고 있으며, 보혜사 성령을 예수 이름으로 보낸다고 기록하고 있으며, 아들 예수의 이름은 원래부터 예수이시니 하나님 세 위격은 예수 이름 안에서 일체이시다.

　성령으로 거듭난 성도들이 모든 일에 있어서 성전을 삼아서 내주하신 예수의 이름으로 살게 하신 하나님으로 인하여 삼위일체 하나님과 예수 이름으로 하나가 되어 살 수 있게 된 것은 너무나 위대한 복음이다.

　성부와 성자와 성령의 이름으로 세례를 주었으나 동일하게 예수의 이름으로 세례를 주었다. 예수의 이름 안에서 삼위일체인 것이다.

　성령의 믿음을 통하여 거듭난 우리 성도들이 예수 그리스도가 머리이고 몸(육체)의 지체인 교회가 되었다는 것은 삼위일체 하나님이신 예수의 이름 안에서 아들들이 됨으로써 삼위 하나님의 일체가 되었다는 것으로서, 온 우주를 다 준다고 하더라도 바꿀 수 없는 위대하고 기쁜 소식이다.

창세기 1:26

하나님이 가라사대 우리의 형상을 따라 우리의 모양대로
우리가 사람을 만들고 그로 바다의 고기와 공중의 새와 육축과
온 땅과 땅에 기는 모든 것을 다스리게 하자 하시고

요한복음 17:26

내가 아버지의 이름을 저희에게 알게 하였고 또 알게 하리니
이는 나를 사랑하신 사랑이 저희 안에 있고
나도 저희 안에 있게 하려 함이니이다

히브리서 1:4

그가 천사보다 훨씬 뛰어남은
그들보다 더욱 아름다운 이름을 기업으로 얻으심이니

요한복음 5:43

나는 내 아버지의 이름으로 왔으매 너희가 영접지 아니하나
만일 다른 사람이 자기 이름으로 오면 영접하리라

요엘 2:32

누구든지 여호와의 이름을 부르는 자는 구원을 얻으리니
이는 나 여호와의 말대로
시온 산과 예루살렘에서 피할 자가 있을 것임이요
남은 자 중에 나 여호와의 부름을 받을 자가 있을 것임이니라

사도행전 4:10~12

너희와 모든 이스라엘 백성들은 알라 너희가 십자가에 못 박고
하나님이 죽은 자 가운데서 살리신 나사렛 예수 그리스도의 이름으로
이 사람이 건강하게 되어 너희 앞에 섰느니라 이 예수는
너희 건축자들의 버린 돌로서 집 모퉁이의 머릿돌이 되었느니라
다른 이로서는 구원을 얻을 수 없나니 천하 인간에 구원을 얻을 만한
다른 이름을 우리에게 주신 일이 없음이니라 하였더라

요한복음 17:11,12

나는 세상에 더 있지 아니하오나 저희는 세상에 있사옵고
나는 아버지께로 가옵나니 거룩하신 아버지여 내게 주신 아버지의
이름으로 저희를 보전하사 우리와 같이 저희도 하나가 되게 하옵소서
내가 저희와 함께 있을 때에 내게 주신 아버지의 이름으로
저희를 보전하와 지키었나이다 그 중에 하나도 멸망치 않고
오직 멸망의 자식뿐이오니 이는 성경을 응하게 함이니이다

요한복음 14:26

보혜사 곧 아버지께서 내 이름으로 보내실 성령
그가 너희에게 모든 것을 가르치시고
내가 너희에게 말한 모든 것을 생각나게 하시리라

마태복음 28:19,20

그러므로 너희는 가서 모든 족속으로 제자를 삼아
아버지와 아들과 성령의 이름으로 세례를 주고
내가 너희에게 분부한 모든 것을 가르쳐 지키게 하라 볼찌어다
내가 세상 끝날까지 너희와 항상 함께 있으리라 하시니라

사도행전 8:16

이는 아직 한 사람에게도 성령 내리신 일이 없고
오직 주 예수의 이름으로 세례만 받을 뿐이러라

사도행전 19:5

저희가 듣고 주 예수의 이름으로 세례를 받으니

요한계시록 5:3~5

하늘 위에나 땅 위에나 땅 아래에
능히 책을 펴거나 보거나 할 이가 없더라
이 책을 펴거나 보거나 하기에 합당한 자가 보이지 않기로
내가 크게 울었더니 장로 중에 하나가 내게 말하되
울지 말라 유대 지파의 사자 다윗의 뿌리가 이기었으니
이 책과 그 일곱 인을 떼시리라 하더라

빌립보서 2:9~11

이러므로 하나님이 그를 지극히 높여
모든 이름 위에 뛰어난 이름을 주사
하늘에 있는 자들과 땅에 있는 자들과 땅 아래 있는 자들로
모든 무릎을 예수의 이름에 꿇게 하시고
모든 입으로 예수 그리스도를 주라 시인하여
하나님 아버지께 영광을 돌리게 하셨느니라

역대하 6:6

예루살렘을 택하여 내 이름을 거기 두고
또 다윗을 택하여 내 백성 이스라엘을 다스리게 하였노라 하신지라
내 부친 다윗이 이스라엘 하나님 여호와의 이름을 위하여
전을 건축할 마음이 있었더니 여호와께서 내 부친 다윗에게 이르시되
네가 내 이름을 위하여 전을 건축할 마음이 있으니
이 마음이 네게 있는 것이 좋도다

요한복음 14:10

나는 아버지 안에 있고 아버지는 내 안에 계신 것을
네가 믿지 아니하느냐

내가 너희에게 이르는 말이 스스로 하는 것이 아니라
아버지께서 내 안에 계셔 그의 일을 하시는 것이라

요한복음 14:20

그 날에는 내가 아버지 안에, 너희가 내 안에,
내가 너희 안에 있는 것을 너희가 알리라

요한복음 14:23

예수께서 대답하여 가라사대
사람이 나를 사랑하면 내 말을 지키리니
내 아버지께서 저를 사랑하실 것이요
우리가 저에게 와서 거처를 저와 함께 하리라

John 14:23

Jesus answered and said unto him, If a man love me,
he will keep my word: and my Father will love him,
and we will come unto him, and make our abode with him.

요한일서 5:6~8

이는 물과 피로 임하신 자니 곧 예수 그리스도시라

물로만 아니요 물과 피로 임하셨고

증거하는 이는 성령이시니 성령은 진리니라

증거하는 이가 셋이니 성령과 물과 피라

또한 이 셋이 합하여 하나이니라

사람 (하나님의 아들들)

영이신 하나님께서는 자신의 형상으로 사람(아담,이브)을 창조하셨다. 하나님은 흙으로 아담의 육체를 만드시고 하나님 생기(영)를 불어 넣으셨다. 그래서 아담은 몸(육)안에 하나님 생기(영)로 사는 혼(living soul)이 되었다. 결과적으로 육신(혼,육)을 가진 사람은 하나님 형상(영)으로 사는 영적 존재다. 육신(혼,육)만을 가진 다른 동물들과는 차원이 다른 영혼육의 존재가 사람이다. 영체인 사람은 하나님과 같이 창조성 등 위대함이 있기에 만물의 영장이다.

'영(Spirit)'과 '혼(Soul)'과 '육(Body)'으로 구성된 사람은 언제나 모든 환경에서 영(Spirit)이신 하나님과 일체로 연합함으로써 정상적으로 기능하는 하나님 형상의 사람으로 살아갈 수가 있다.

하나님 형상으로 창조된 사람이 하나님 절대 의인 하나님 생명(생명과)이 아닌 상태에서 선악과를 먹게 되면 자기 의와 교만으로 인하여 사탄의 죄 육신이 되는 것이고, 이것은 선악과 원죄로 인한 하나님으로부터 분리이고 사망이다.

최초 사람인 아담이 하나님을 반역한 타락 천사 사탄(뱀)에게 속아서 하나님이 금지한 선악과를 먹음으로써 하나님을 불신하고 반역하였으며, 하나님 앞에서 육신으로 선악을 심판하는 자기 기준의 상대 의를 가짐으로써 하나님만이 가지는 '절대 의

(義)'를 거역하고, 각 사람들마다 육신으로 옛 자아 위주의 '상대 의(義)'를 주장하는 반역을 한 것이고, 죄(罪) 육신이 된 것이다.

하나님 앞에서 상대 의를 주장하는 것은 하나님을 반역했던 사탄의 반역과도 같은 반역의 행위로서, 그 결과는 스스로 지옥이고 심판이고 파멸인 것이다.
이와 같이 하나님을 떠나서 자기 의(義)를 가지는 것이 근원적인 죄이다. 가정과 국가와 사회의 운영에서 가치 기준이 둘 이상으로 충돌하면 전쟁이다. 창조주 하나님 절대 의 앞에서 상대 의 주장은 반란이고 교만이고 죄(罪)이다.

하나님 절대 의 앞에서 상대 의를 주장함으로써 죄인이 된 인간에게는 죄로 인하여 하나님께서는 더 이상 가까이 할 수가 없어서 떠난 것이다. 왜냐하면 완벽한 사랑이시고 의이신 하나님 앞에서는 티끌만한 죄만 있어도 하나님이 가까이 할 수가 없고, 죄인이 하나님께 가까이 오면 즉시 죽게 된다. 성경에서는 하나님 영이 없는 인간을 육은 살았으나 영으로는 죽었다고 한다. 하나님의 영을 떠나서 살고 있는 모든 인간들은 전적 타락이고 사망이다.

육은 혼을 담는 그릇이고 혼은 영을 담는 그릇이다.
육체 생명의 근원은 피이고 혼 생명의 근원은 영이다.
육체에 피가 없으면 죽은 육이고 혼에 영이 없으면 죽은 혼이다.

아담의 선악과 타락 이후에 모든 사람은 하나님 영이 떠난 육신이 되었다. 하나님 영이 없는 사람은 하나님 관점에서는 육은 살았으나 영은 죽었다. 하나님 영이 없는 사람은 정상적 혼의 기능을 할 수가 없고 육신의 존재이다.

사람은 영적인 존재인데, 타락이 되면 육적인 죄육신이 된다. 거듭난 사람의 혼은 영에 속한 혼이고, 거듭나지 못하면 육에 속한 혼이다. 영에 속한 혼은 성령님의 통제를 받아서 하나님 성령의 인도를 따른다. 성령 인도를 받지 않는 혼은 사탄과 죄가 주인이 되어서 육신의 종으로 산다. 육에 속한 자들은 자기 의와 옛 자아로 장악된 자들이다. 옛 자아인 육신의 생각에 좋은 대로 사는 죄인들이다. 하나님 영을 떠나서 사는 모든 인간들은 사탄의 죄육신이다. 하나님 영을 떠나서 살아가는 모든 인간의 삶은 사탄의 구속이다. 인류역사 가운데 일어난 모든 범죄들의 근원적 원인은 사탄과 죄육신이다.

하나님으로 나지 않은 모든 사람들은 정신병(조현병) 환자이고 죄인이다. 자연과학의 발전과 철학, 종교, 심리 등 인문학 발전의 현 시점에서도 하나님 성령을 통하여 영이 거듭남으로써 인도를 받지 아니하면 모든 사람들은 매순간 자기 자신도 알지 못하는 상태에서 사탄 마귀 귀신들의 죄 영향 아래에 있는 존재이기 때문에 모든 인간들은 서로 간에 거짓말과 사기성 미혹들이 작동하고 있고 개인적으로 또는 사회적으로 서로간에 수많은 죄악들을 주고 받는 것이다. 그래서 인류 역사는 언제나 사탄과 죄로 인하여 전쟁과 분쟁인 것이다.

사람은 영적인 존재이고 각 사람들의 언어와 문화는 영적 영향을 가진다. 영적인 사람들은 다른 사람들의 말을 들으면 금방 그의 중심을 알 수 있다. 대화하는 중에 상대와 영이 다르면 서로의 말들이 거슬리고 거부된다. 육적인 옛 자아에서 나오는 거의 모든 육신(혼)의 말 언어들은 항상 이기적이고 육적이고 계산적이고 거짓과 미혹과 죄악들이다.

일반적으로 보통 사람들은 삶 가운데 서로간에 일상으로 일어나는 수많은 거짓말들과 사기성 미혹들을 잘 알아 차리지 못하는 상태에 있으나 때로는 직감적으로 올바르게 깨달아서 알아 차릴 수가 있기도 하다. 성령의 믿음으로 사는 성령충만한 하나님 사람들은 개인적으로 또는 사회적으로 일상에 일어나는 사탄 마귀 귀신들 영향 아래에서 일어나는 수많은 거짓말들과 사기성 미혹들을 민감하게 대응할 수가 있다. 그러므로 국가와 사회의 지도자들은 가급적으로 하나님 영으로 인도를 받는 영의 사람들이 나와서 국가와 사회를 위한 봉사정신으로 최선을 다함이 좋다. 이 땅에서 육신을 입고 사는 사람으로는 그 누구일지라도 연약하기에 하나님의 모든 사람들은 항상 모든 상황에서 성령의 기도로서 하나님의 완전한 주권과 통치를 위해서 간구하여야 한다. 하나님 나라가 이 땅에 임하도록 항상 구하여야 한다.

모든 사람들은 하나님 형상의 영적 존재이기에 직관으로 알게 되고 영인 말(언어)로써 서로를 알게 된다.

아담의 선악과 불순종은 타락한 천사의 교만과 반란의 행위와도 같고, 죄로 인하여 사람은 하나님과 분리되어서 타락이 되었고 영적으로 사망이다. 하나님의 영으로 인도를 받지 않는 사람을 성경에서는 짐승이라고 한다.

하나님 아들 예수가 성령으로 처녀 마리아의 몸을 빌려서 사람으로 태어나고, 세례 요한으로부터 물 세례를 받고 비둘기같이 임재하는 성령 세례로 거듭나는 모습과 같이 영이 죽은 모든 사람들은 하나님 성령으로 재창조되어야 한다. 물 세례와 성령 세례로 거듭나야만이 천국 아들로 살 수가 있다.

하나님 형상인 사람은 누구나 성령으로 거듭난 성령(영)의 사람이 되어야만이 성전과 교회가 되는 것이고, 내주하시는 성령님으로 인하여 하나님의 생수(생명과)을 먹고 사는 하나님 아들(의인)이 되는 것이다. 하나님 자녀들이 영(성령)과 성경 진리로 사는 삶은 하나님의 생명인 것이고, 하나님 생명 안에서 선악을 분별하는 것은 완전할 수 있다.

창세기 1:27~28

하나님이 자기 형상 곧 하나님의 형상대로 사람을 창조하시되
남자와 여자를 창조하시고 하나님이 그들에게 복을 주시며
그들에게 이르시되 생육하고 번성하여 땅에 충만하라, 땅을 정복하라,
바다의 고기와 공중의 새와 땅에 움직이는
모든 생물을 다스리라 하시니라

창세기 2:7

주 하나님께서 땅의 흙으로 사람을 지으시고 생명의 숨(영)을
그의 콧구멍에 불어넣으시니 사람이 살아 있는 혼이 되니라.

스가랴 12:1

이스라엘을 위한 주의 말씀의 엄중한 부담이라.
주 곧 하늘들을 펼치고 땅의 기초를 놓으며
사람 속에 사람의 영을 짓는 이가 말하노라

창세기 2:16,17

여호와 하나님이 그 사람에게 명하여 가라사대
동산 각종 나무의 실과는 네가 임의로 먹되
선악을 알게 하는 나무의 실과는 먹지 말라
네가 먹는 날에는 정녕 죽으리라 하시니라

창세기 3:1~7

여호와 하나님의 지으신 들짐승 중에 뱀(사탄)이 가장 간교하더라
뱀이 여자에게 물어 가로되 하나님이 참으로 너희더러
동산 모든 나무의 실과를 먹지 말라 하시더냐
여자가 뱀에게 말하되 동산 나무의 실과를 우리가 먹을 수 있으나
동산 중앙에 있는 나무의 실과는 하나님의 말씀에
너희는 먹지도 말고 만지지도 말라 너희가 죽을까 하노라 하셨느니라
뱀이 여자에게 이르되 너희가 결코 죽지 아니하리라
너희가 그것을 먹는 날에는 너희 눈이 밝아 하나님과 같이 되어
선악을 알 줄을 하나님이 아심이니라 여자가 그 나무를 본즉
먹음직도 하고 보암직도 하고
지혜롭게 할 만큼 탐스럽기도 한 나무인지라
여자가 그 실과를 따먹고 자기와 함께한
남편에게도 주매 그도 먹은지라

이에 그들의 눈이 밝아 자기들의 몸이 벗은 줄을 알고

무화과나무 잎을 엮어 치마를 하였더라

전도서 12:6,7

혹은 은줄이 풀리고 금 그릇이 깨지고 물 항아리가 샘에서 깨지고

바퀴가 물 저장고에서 깨지기 전에 기억할지니

그 때에 흙은 전에 있던 대로 땅으로 돌아가며

영은 그것을 주신 하나님께로 돌아가리로다

예레미야 2:13

내 백성이 두 가지 악을 행하였나니

곧 생수의 근원 되는 나를 버린 것과

스스로 웅덩이를 판 것인데

그것은 물을 저축치 못할 터진 웅덩이니라

미가 7:2

이와 같이 선인이 세상에서 끊쳤고 정직자가 인간에 없도다

무리가 다 피를 흘리려고 매복하며 각기 그물로 형제를 잡으려 하고

전도서 3:18

내가 심중에 이르기를 인생의 일에 대하여
하나님이 저희를 시험하시리니
저희로 자기가 짐승보다 다름이 없는 줄을
깨닫게 하려 하심이라 하였노라

마태복음 13:15

이 백성들의 마음이 완악하여져서
그 귀는 듣기에 둔하고 눈은 감았으니
이는 눈으로 보고 귀로 듣고 마음으로 깨달아 돌이켜
내게 고침을 받을까 두려워함이라 하였느니라

사도행전 28:27

이 백성들의 마음이 우둔하여져서
그 귀로는 둔하게 듣고 그 눈은 감았으니
이는 눈으로 보고 귀로 듣고 마음으로 깨달아 돌아오면
내가 고쳐 줄까 함이라 하였으니

시편 130:5

내가 주를 기다리고 내 혼이 기다리며

내가 그분의 말씀에 소망을 두는도다

Psalms 130:5

I wait for the LORD, my soul doth wait,

and in his word do I hope.

요한계시록 6:9

그분께서 다섯째 봉인을 여신 뒤에 내가 제단 아래에서

하나님의 말씀과 자기들이 간직한 증언으로 인해

죽임을 당한 자들의 혼들을 보니

Revelation 6:9

And when he had opened the fifth seal,

I saw under the altar

the souls of them that were slain for the word of God,

and for the testimony which they held:

고린도후서 11:4

만일 누가 가서 우리가 선포하지 아니한 다른 예수를 선포하거나
혹은 너희가 받지 아니한 다른 영이나
너희가 수용하지 아니한 다른 복음을 받게할 때에
너희가 그를 잘 용납하는도다.

2 Corinthians 11:4

For if he that cometh preacheth another Jesus,
whom we have not preached, or if ye receive another spirit,
which ye have not received, or another gospel,
which ye have not accepted, ye might well bear with him.

요한복음 3:5~7

예수께서 대답하시되 진실로 진실로 네게 이르노니
사람이 물과 성령으로 나지 아니하면
하나님 나라에 들어갈 수 없느니라
육으로 난 것은 육이요 성령으로 난 것은 영이니
내가 네게 거듭나야 하겠다 하는 말을 기이히 여기지 말라

우리가 항상 두려워해야 하는 것은 먼저 믿은 교회의 목사 신학자 등 지도자들이라고 할지라도 자신이 거듭나서 성령 안에서 새 자아로 살지 않고 육신을 따라서 옛 자아로 살아간다면 하나님의 지옥 심판 아래 있다는 것이다. 교회 지도자는 많은 사람들에게 영향을 주는 만큼 꼭 성령 사람이어야 한다. 죄로 인하여 하나님과 단절된 모든 인간들에 대하여 누구든지 사탄 마귀가 합법적으로 죄육신하게 되었으며, 그러한 인간들이 살아가는 모습들은 언제나 하나님 앞에서 죄와 사망의 상태인 것이다.

마태복음 23:13,15

화 있을찐저 외식하는 서기관들과 바리새인들이여
너희는 천국 문을 사람들 앞에서 닫고 너희도 들어가지 않고
들어가려 하는 자도 들어가지 못하게 하는도다
화 있을찐저 외식하는 서기관들과 바리새인들이여
너희는 교인 하나를 얻기 위하여
바다와 육지를 두루 다니다가 생기면
너희보다 배나 더 지옥 자식이 되게 하는도다

로마서 3:10~18

기록한 바 의인은 없나니 하나도 없으며 깨닫는 자도 없고
하나님을 찾는 자도 없고 다 치우쳐 한가지로 무익하게 되고
선을 행하는 자는 없나니 하나도 없도다
저희 목구멍은 열린 무덤이요 그 혀로는 속임을 베풀며
그 입술에는 독사의 독이 있고 그 입에는
저주와 악독이 가득하고 그 발은 피 흘리는데 빠른지라
파멸과 고생이 그 길에 있어 평강의 길을 알지 못하였고
저희 눈앞에 하나님을 두려워함이 없느니라 함과 같으니라

요한1서 2:16

이는 세상에 있는 모든 것이
육신의 정욕과 안목의 정욕과 이생의 자랑이니
다 아버지께로 좇아온 것이 아니요 세상으로 좇아온 것이라

고린도전서 3:18~20

아무도 자기를 속이지 말라 너희 중에 누구든지
이 세상에서 지혜 있는 줄로 생각하거든 미련한 자가 되어라

그리하여야 지혜로운 자가 되리라
이 세상 지혜는 하나님께 미련한 것이니
기록된 바 지혜 있는 자들로 하여금
자기 궤휼에 빠지게 하시는 이라 하였고
또 주께서 지혜 있는 자들의 생각을 헛것으로 아신다 하셨느니라

하나님의 자녀들은 성령님 도움으로 하나님의 말씀을 순종하게 되어 있고 하나님이 보내신 자를 알아보게 되어 있다. 하나님이 보내신 자를 알아보지 못한다는 것은 아직까지 하나님께서 낳은 자녀가 아니라는 증거인 것이다.

하나님께서는 선택한 백성들을 하나님의 아들들이 되게 하시고, 하나님의 종이 아니라 하나님의 친구라고 부르시기를 기뻐하신다.

에베소서 1:5

그 기쁘신 뜻대로 우리를 예정하사
예수 그리스도로 말미암아 자기의 아들들이 되게 하셨으니

요한복음 15:15

이제부터는 너희를 종이라 하지 아니하리니
종은 주인의 하는 것을 알지 못함이라 너희를 친구라 하였노니
내가 내 아버지께 들은 것을 다 너희에게 알게 하였음이니라

요한복음 8:44

너희는 너희 아비 마귀에게서 났으니
너희 아비의 욕심을 너희도 행하고자 하느니라
저는 처음부터 살인한 자요 진리가 그 속에 없으므로
진리에 서지 못하고 거짓을 말할 때마다 제 것으로 말하나니
이는 저가 거짓말장이요 거짓의 아비가 되었음이니라

로마서 10:3

하나님의 의를 모르고 자기 의를 세우려고
힘써 하나님의 의를 복종치 아니하였느니라

천사 타락과 인간의 죄

하나님의 창조 목적에서 빗나간 것들은 모든 것이 죄이다. 하나님의 투영체 또는 그림자 형상으로 존재해야 할 사람이 자기 스스로가 무언가 주체로 되어 있는 상태가 죄이다.

선악과로 인한 자기 의와 교만으로 육신이 된 상태를 죄인이라고 하는 것이다. 육체가 된 상태를 죄로 정죄하기 위해서 주신 법이 하나님 절대 의, 율법이다.

아담이 타락한 육체가 되기 이전, 선악과 따 먹기 이전에 하나님의 절대 의에 손을 댄 자가 있었는데, 아담 타락 이전에 하나님의 절대 의에 손을 댄 자가 타락한 천사인 사탄 마귀인 것이다. 하나님 종이고 피조물인 천사가 창조주이신 하나님의 의에 손을 댄 것이다. 불순종으로 인하여 천상에서 쫓겨난 타락한 천사를 사탄 마귀 귀신이라 한다.

하나님을 떠나서 독립적으로 존재하는 피조물은 교만이고 타락이고 죄이다. 하나님을 반역한 천사들이 타락이고, 아담의 선악과 불순종이 원죄이다.

아담의 탄생과 율법이 있기 이전부터 타락한 천사들의 죄가 세상에 있었다. 천사가 교만과 불순종으로 타락하여 하나님의 절대 의를 자기 의로 취하여 갖고 있다가 천상에서 쫓겨난 상태로 타락한 천사 사탄 마귀의 원죄이다. 아담과 하와의 선악과 범죄로 인하여 사탄의 죄육신이 시작된 것이다.

 피조물인 아담과 인간이 하나님 절대 의를 거부하고 자신의 의로서 선과 악을 판단하는 주체가 되어서 의를 행하는 것이 반역이고 죄이다. 자기 의를 내세우면서 자기 의에 기준하여 죄를 짓지 않으려고 하는 것은 자기 의의 율법을 지키는 행위들로서, 이것은 하나님의 의를 애써 무시하는 것이고 하나님을 대적하는 것이다.

 하나님의 창조 목적에서 빗나간 상태가 죄이다. 인간은 모든 시간과 환경에서 하나님 과녁을 향하여 살아야 한다. 인간이 모든 시간과 환경에서 하나님 과녁을 떠나 있는 삶이 죄이다. 하나님을 떠나서 자기 의로 사는 것을 죄인이라고 한다. 오직 하나님만이 거룩이고 절대 의이고 참 생명이고 하나님과 일치되는 것만이 유일한 거룩이고 선이고 의이다.

 천국은 성령으로 거듭나서 하나님 안에서 살아가는 자들의 세계이며, 지옥은 하나님과의 관계가 단절됨으로써 죽은 자들과 사탄의 세계이다. 그러므로 현실 세계에서 모든 사람들은 천국과 지옥을 사는 것이다.

 하나님의 성경 말씀들은 진리이고 생명이지만, 일반적으로 세상의 대부분 인본주의 주장들은 하나님과의 관계를 끊어지게 하는 비진리이고 사탄적이다. 그러므로 그리스 헬라 시대와 르

네상스 시대의 인본주의 사상과 철학들은 뛰어난 것 같이 보일지라도 반성경적이고 비진리로서 결과적으로는 하나님을 반역하고 인간 스스로의 타락과 재앙과 저주와 파멸로 이끌어가는 것이다. 하나님과의 관계가 단절된 상태에서 독립적인 또 하나의 주체가 되어서 주장하는 인간의 언어들은 인본주의 철학들이고 종교주의 교훈들이다.

하나님(성부,성자,성령)만이 전지하시고 전능하신 창조주이시다. 하나님께서 예지 예정하신 뜻대로 창세 이전에 아담의 범죄와 타락이 예정되어 있었다고 성경을 이해하는 것이 건강하고 올바른 성경 해석이다. 사탄의 죄와 타락도 하나님 카이로스 시간에서 예정해 놓으신 것이다. 전지전능 무소불위하신 하나님 카이로스 시간의 기준으로는 칼빈의 절대 예정론이 올바른 성경 해석이라고 할 수 있다.

예수 그리스도는 완전한 하나님이고 완전한 사람으로 이 땅에 오셔서 육체를 입고 사는 아담과 온 인류의 속죄와 구원을 완전하게 해결하셨다. 창세기 원시복음과 두 번째 언약인 생명의 성령의 법, 예수 그리스도의 법, 예수 믿음의 법을 십자가 죽음과 장사와 부활을 통하여 복음으로 완성하셨다.

오늘날 신학교들과 교회 강단에서 전해지는 신학 교수들과 목회자들의 많은 강의들과 설교들이 인본주의 종교주의 교훈들에 함몰되어 있어서, 하나님의 진리와 생명과 복음이 아닌 도덕 윤리와 율법적인 설교들과 강의들로 인하여 성경에 기록된 대로

의 위대한 복음을 온전하게 가르치고 전달되지 못하고 있는 현실들은 너무나 안타깝다.

이러한 교회들의 현실로 인하여 성도들이 진정한 성경적 복음의 기쁨과 능력과 승리의 세상 삶을 살지 못한다는 것은 하나님 앞에서 죄이다.

하나님 복음으로 맺어지게 하는 믿음은 생명의 성령(마음)의 법이라야 한다. 예수 그리스도 이외에 다른 것을 의라고 주장하는 모든 것은 죄이다. 생명의 성령의 법이 아닌 모든 것들은 다 죽은 행실이고 인본주의 종교 행위들이고 하나님 앞에서 범죄들이다.

하나님의 절대 의 앞에서 상대 의, 자신 의를 주장하는 것이 원죄이고 선악과이다. 하나님 절대 의 앞에서 자기 의와 상대 의를 주장하는 모든 사람들은 아담 타락의 선악과를 먹는 죄악을 다시 범하는 것이고 예수님을 또 다시 십자가에 현저히 못박는 불신이고 죄이다.

예배와 기도와 찬양이라 할지라도 생명의 성령의 법, 복음으로 하나가 되지 않는 행위들은 하나님 앞에서 불법이고 불신이고 인본주의 종교생활이다.

하나님 생명이 없는 상태에서 선악과를 먹게 되면 완전한 아가페 사랑인 하나님의 절대 의가 없기 때문에 선악과 원죄로 인하여 자기 자신의 상대 의가 하나님을 대적하고 하나님을 불신하고 반역하며, 잘못된 자기 의로 자신과 상대를 정죄하고 심판하는 타락한 천사 사탄 마귀와 동일한 반역자가 될 수 밖에 없는 것이다. 하나님께서는 예수 그리스도의 십자가 죽음과 장사와 부활과 성령 세례의 위대한 복음 능력과 예수 그리스도의 믿음으로 우리를 거듭나게 하셔서 거듭난 성도의 몸을 성전으로 삼아서 내주하시고 교회가 되게 하셔서 오직 생명의 성령의 법, 예수 그리스도의 법, 성령의 믿음으로 살아가는 성도 안에 내주한 하나님의 생명(성령)으로 인하여 하나님 생명과 하나님 의와 빛과 소금의 삶, 하나님 나라, 천국을 이 땅에서부터 살 수 있도록 항상 인도하신다.

창세기 2:17

선악을 알게 하는 나무의 실과는 먹지 말라
네가 먹는 날에는 정녕 죽으리라 하시니라

창세기 3:1~6

여호와 하나님의 지으신 들짐승 중에 뱀이 가장 간교하더라

뱀이 여자에게 물어 가로되 하나님이 참으로 너희더러

동산 모든 나무의 실과를 먹지 말라 하시더냐

여자가 뱀에게 말하되 동산 나무의 실과를 우리가 먹을 수 있으나

동산 중앙에 있는 나무의 실과는 하나님의 말씀에

너희는 먹지도 말고 만지지도 말라 너희가 죽을까 하노라 하셨느니라

뱀이 여자에게 이르되 너희가 결코 죽지 아니하리라

너희가 그것을 먹는 날에는 너희 눈이 밝아

하나님과 같이 되어 선악을 알 줄을 하나님이 아심이니라

여자(하와)가 그 나무(선악을 알게 하는 나무)를 본즉

먹음직도 하고 보암직도 하고

지혜롭게 할 만큼 탐스럽기도 한 나무인지라

여자가 그 실과를 따먹고 자기와 함께한

남편(아담)에게도 주매 그도 먹은지라

로마서 5:14

그러나 아담으로부터 모세까지

아담의 범죄와 같은 죄를 짓지 아니한 자들 위에도

사망이 왕노릇 하였나니 아담은 오실 자의 표상이라

고린도전서 15:22

아담 안에서 모든 사람이 죽은 것 같이
그리스도 안에서 모든 사람이 삶을 얻으리라

요한복음 8:44

너희는 너희 아비 마귀에게서 났으니 너희 아비의 욕심을
너희도 행하고자 하느니라 저는 처음부터 살인한 자요
진리가 그 속에 없으므로 진리에 서지 못하고
거짓을 말할 때마다 제 것으로 말하나니
이는 저가 거짓말장이요 거짓의 아비가 되었음이니라

욥기 1:7,12

여호와께서 사단에게 이르시되 네가 어디서 왔느냐
사단이 여호와께 대답하여 가로되
땅에 두루 돌아 여기저기 다녀 왔나이다…
여호와께서 사단에게 이르시되
내가 그의 소유물을 다 네 손에 붙이노라
오직 그의 몸에는 네 손을 대지 말지니라
사단이 곧 여호와 앞에서 물러가니라

로마서 10:3

하나님의 의를 모르고 자기 의를 세우려고 힘써
하나님의 의를 복종치 아니하였느니라

로마서 5:14,15

그러나 아담으로부터 모세까지
아담의 범죄와 같은 죄를 짓지 아니한 자들 위에도
사망이 왕 노릇 하였나니 아담은 오실 자의 표상이라
그러나 이 은사는 그 범죄와 같지 아니하니
곧 한 사람의 범죄를 인하여 많은 사람이 죽었은 즉
더욱 하나님의 은혜와 또는 한 사람 예수 그리스도의 은혜로
말미암은 선물이 많은 사람에게 넘쳤으리라

요한복음 16:8~11

그가 와서 죄에 대하여, 의에 대하여,
심판에 대하여 세상을 책망하시리라
죄에 대하여라 함은 저희가 나를 믿지 아니함이요
의에 대하여라 함은 내가 아버지께로 가니

너희가 다시 나를 보지 못함이요

심판에 대하여라 함은

이 세상 임금이 심판을 받았음이니라

로마서 3:13

저희 목구멍은 열린 무덤이요

그 혀로는 속임을 베풀며 그 입술에는 독사의 독이 있고

로마서 3:10~18

기록한바 의인은 없나니 하나도 없으며 깨닫는 자도 없고

하나님을 찾는 자도 없고 다 치우쳐 한가지로 무익하게 되고

선을 행하는 자는 없나니 하나도 없도다

저희 목구멍은 열린 무덤이요

그 혀로는 속임을 베풀며 그 입술에는 독사의 독이 있고

그 입에는 저주와 악독이 가득하고 그 발은 피 흘리는데 빠른지라

파멸과 고생이 그 길에 있어 평강의 길을 알지 못하였고

저희 눈앞에 하나님을 두려워함이 없느니라 함과 같으니라

요한1서 3:8

죄를 짓는 자는 마귀에게 속하나니 마귀는 처음부터 범죄함이라
하나님의 아들이 나타나신 것은 마귀의 일을 멸하려 하심이라

예수님과 동행했던 수제자 베드로 일지라도 그가 영으로 살지 아니하고 육신의 옛 자아로 생각하고 말하면 사탄 마귀의 종이 되는 것이다. 예수님께서 미리 알려 주셨는데도 닭이 울기 전에 세 번이나 예수님을 부인하였으며, 방금 전에 예수님으로부터 큰 칭찬을 들었음에도 불구하고 곧바로 인간적이고 육적인 자기 주장을 함으로써 사탄의 종이 되었다. 예수 그리스도의 법, 복음이 없는 인간은 항상 사탄과 죄의 종이다.

마태복음 16:23

예수께서 돌이키시며 베드로에게 이르시되
사단아 내 뒤로 물러가라

너는 나를 넘어지게 하는 자로다
네가 하나님의 일을 생각지 아니하고
도리어 사람의 일을 생각하는도다 하시고

베드로전서 5:8

근신하라 깨어라
너희 대적 마귀가 우는 사자같이 두루 다니며 삼킬 자를 찾나니

요한복음 13:38

예수께서 대답하시되 네가 나를 위하여 네 목숨을 버리겠느냐
내가 진실로 진실로 네게 이르노니
닭 울기 전에 네가 세 번 나를 부인하리라

하나님 성령으로 임하는 믿음(마음)을 일부로 거부하거나, 하나님 주시는 달란트를 하나님을 무서워하거나 오해함으로써 묻어두는 행위는 성령 훼방죄로서 구원을 받을 수가 없다.

성경 말씀을 읽고 보고 들을 때에나 또는 성경적 교회 사람들의 복음 전도와 성경의 가르침을 통한 특별계시 또는 우주와 자연만물의 신비들을 통한 자연계시로 인한 하나님 성령의 감동으로 당신의 마음과 양심에 성령 하나님 부르심이 확실한 데에도 하나님의 사랑을 거부한다면 그러한 행위들은 성경에서 말씀하시는 성령 훼방죄가 될 수 있다.

마태복음 25:24~29

한 달란트 받았던 자도 와서 가로되
주여 당신은 굳은 사람이라 심지 않은 데서 거두고
헤치지 않은 데서 모으는 줄을 내가 알았으므로
두려워하여 나가서 당신의 달란트를 땅에 감추어 두었었나이다
보소서 당신의 것을 받으셨나이다
그 주인이 대답하여 가로되 악하고 게으른 종아
나는 심지 않은 데서 거두고
헤치지 않은 데서 모으는 줄로 네가 알았느냐
그러면 네가 마땅히 내 돈을 취리하는 자들에게나 두었다가
나로 돌아와서 내 본전과 변리를 받게 할 것이니라 하고

그에게서 그 한 달란트를 빼앗아 열 달란트 가진 자에게 주어라
무릇 있는 자는 받아 풍족하게 되고
없는 자는 그 있는 것까지 빼앗기리라

마태복음 12:31

그러므로 내가 너희에게 이르노니 사람의 모든 죄와 훼방은
사하심을 얻되 성령을 훼방하는 것은 사하심을 얻지 못하겠고

마가복음 3:29

누구든지 성령을 훼방하는 자는 사하심을
영원히 얻지 못하고 영원한 죄에 처하느니라 하시니

율법과 종교

하나님 말씀에 기초한 절대 의인 율법이 없으면 죄를 죄라고 정할 수가 없다.

인간들이 하나님의 뜻을 바르게 알지 못하고 하나님 말씀을 자기의 생각대로 임의로 알고, 그것을 행하는 것을 율법주의 율법 행위라고 한다.

육체가 된 아담 후손인 인생들이 하나님 진리를 제대로 알지 못하고 자기 의에 기준하여 율법적 종교 행위를 하는 것을 율법주의 종교라고 한다.

모든 종교적 행위들은 육체가 된 인생들이 육신으로 하나님 말씀을 인본주의 교리와 사상 철학들과 자기 의로 실행하려는 하나님 반역이다.

아담 이후 모든 인간들은 원죄인 선악과를 먹은 하나님 반역으로 인하여 자신 기준의 상대 의를 마치 하나님의 절대 의인 양, 선과 악을 재판하는 자가 된 것과 율법을 자신 기준의 의로 정죄하는 것은 하나님 앞에서 죄악이다.

자기 자신이 주체자가 되어서 주권자이신 하나님에게서 분리 독립이 된 상태가 죄인인 것이고 육체가 되었다고 한다.

하나님 형상인 사람은 항상 완전한 의이신 하나님의 영과 하나된 영으로 살아야 정상적인 영의 의인인 것이다. 그러나 아담

이후 모든 사람들은 자기 의로 하나님과 분리되어서 육체의 욕심을 따라서 사는 죄인이 된 것이다.

하나님과 관계가 단절됨으로써 죽어 있는 육신의 속성은 언제나 그 속에서 자신들의 죄악들과 욕심들이 내면에 있으며, 그래서 대다수 인본주의 세상 사람들의 주장들과 말들은 항상 경계해야 한다.

모든 사람들은 영이 죽은 말, 썩은 냄새, 사망과 죄를 내뿜으면서도 영이 죽은 상태에서는 전혀 깨닫지 못하고 자신 스스로 알 수도 없다. 그러나 성령으로 거듭난 성도는 작은 죄에도 민감하여 회개한다.

종교 생활의 대다수 설교들은 하나님 앞에서 이미 죽어있는 자들에게 살아 있는 자처럼 흉내를 내라고 하는 것이고, 의를 행하라고 하는 것이고, 인본주의 윤리 도덕으로서 거룩하고 깨끗하게 살라고 하는 것들이다. 영혼이 죽어 있는 사람에게 하나님처럼 살라고 하는 것과 같다.

인간에게서 나온 종교들은 영의 신앙(믿음)이 아니고 혼의 산물이고 아무리 깊어져도 인본주의 철학과 사상에 머무르게 되어 있다.

오늘날 다수 교회들의 목사들은 거의 모두가 육신의 종교생활을 설교한다. 윤리 도덕과 인본주의 율법주의 행위들로서 최선을 다하라고 설교한다. 그러한 설교들로서는 성경적이거나 복음적인 신앙을 전혀 가질 수 없다.

인본주의 율법과 도덕으로 의롭게 살라고 하는 그 말 자체가 하나님이 보시기에 불의이며 죄악이고 예수님을 십자가에 또 다시 현저히 못 박아 죽이는 반성경적이고 반복음적 행위이다.

사람들이 옛 자아 육체와 윤리 도덕을 통하여 죄와 사망의 법인 율법을 지키려고 노력하는 것은 반성경적이고 하나님 앞에서 불법이고 불신행위이다. 인간 스스로의 노력으로 가능했다면 예수님이 십자가에서 죽지 않았다.

오늘날 대다수 기독교 교인들은 자기 의에 기준하여 성경 말씀과 하나님 뜻에 반하는 종교 생활을 하는 것이고, 율법 행위를 하고 있는 것이다.

일반적으로 인본주의 종교 기독교의 교리는 하나님과 분리된 상태에서 예수님을 닮아서 거룩하고 의로운 자가 되라고 반복하여 설교한다. 스스로 선과 악을 판단하는 주체가 되어서 선하게 살라는 것이다. 이러한 모든 것들은 종교주의 교훈의 내용들이고 선악과들이다.

예수 그리스도의 복음을 전하지 않고, 많은 교회들이 아직도 율법주의 인본주의 종교주의 도덕 윤리 율법을 가르치고 있는 것이 현실이다.

오늘날 다수의 종교 기독교인들은 자기들 나름대로 열심을 내서 성경을 실행하고 하나님 말씀에 기준한 율법의 삶을 자기 자신의 옛 자아를 통하여 실천을 하려고 노력들을 하지만 사실은 진정한 성경 복음을 전혀 모르고 행하려는 종교 행위에 지나지 않는 것이고 종교 생활을 하는 불법이다.

하나님의 절대적인 행하심이 내 안에서 이루어져야 예수의 믿음인 것이고 옛 자아 육신으로 행하는 모든 것들은 종교 행위이고 율법 행위이다.

아들이고 상속자 일지라도 어릴 때는 종과 다름이 없다. 그래서 몽학 선생인 율법 아래서 교육 통제를 받게 하신다. 그가 종이 아니라 아들이라도 율법 아래서 양육을 받게 하신다. 어린아이 신앙일 때에는 종교 생활을 하게 한다는 것이다. 그래서 완전한 율법의 준수가 옛 자아 육신으로는 불가능함을 깨닫도록 하여 성경 복음인 예수 그리스도로 인도한다.

인본주의 철학 지식 신학 교리로 가득한 종교 기독교는 하나님 심판을 면할 수가 없다. 오늘날 교회는 회개하고 올바른 성경 복음으로 돌아와야 한다.

오늘날 기독교 종교인들 가운데에는 성령으로 시작하였다가 육체로 되돌아감으로써, 하나님의 무서운 심판의 대상자들이 대단히 많을 수 있다.

하나님의 의와 율법이 아닌, 육체가 된 아담 안에서 자기의 의가 율법이 되어서 육체로 나타나는 것을 하나님 앞에서 반역이고 죄라고 한다.

자기 의로 사는 모든 사람들은 하나님의 율법 앞에서 살인자이고 간음한 자이고 혈루병 환자이고 나병환자이고 영이 죽은 자인 것이다. 하나님 절대 의 앞에서 자신의 불의를 100% 인정하고 고백하고 회개하는 성경적 믿음의 사람만이 예수 그리스도의 십자가 죽음 안에서 자신의 죽음과 대속과 속죄와 부활이 적용되는 것이다.

성경적 구원은 스스로 자기 자신을 죄인이라고 후회 또는 자책하거나 스스로 정죄하는 것이 아니라, 하나님의 율법과 절대의 앞에서 자신의 전적인 타락과 의가 없음을 인정하고 성령으로 회개하는 거듭남이다.

하나님 절대 의를 수용하고, 하나님 율법의 정죄를 100% 인정하고 예수 그리스도의 십자가 사랑과 부활과 성령의 회개를 믿음으로 받아들이는 자만이 십자가 대속의 속죄로 거듭나게 하신다.

예수님이 죄인을 불러 회개하게 하여 거듭나게 하신다는 것은 율법의 죄 정함을 아멘 하고 인정함으로써 100% 정죄된 자이다. 율법 정죄를 100% 인정한 죄인만이 속죄 죄사함을 받을 수 있는 것이다. 세상 법정에서도 자신의 죄를 인정하지 않은 자는 사면을 할 수가 없다.

예수 십자가 대속의 능력으로 율법의 정죄된 죄들이 사해진 상태를 의롭다고 하는 것이고, 예수 믿음의 죄사함이고, 성령으로 거듭남이라고 하는 것이다.

 아담 이후 모든 사람들은 자신의 옛 자아 육신으로 율법들을 지키려고 아무리 노력을 하여도 613개 율법들 중에서 그 어느 것 하나라도 제대로 이룰 수 없었지만, 성령으로 거듭난 성도들은 자신 안에 내주하신 예수 그리스도의 영으로 인하여 모든 율법들이 완전하게 이루어질 수 있도록 영을 인도한다. 그러므로 예수 그리스도 안에 있는 믿음의 성도들은 이미 죽은 옛 자아로 살지 않으며, 주인되신 성령으로 살아서 완전한 율법이 항상 살아진다.

 죄인이 된 모든 인간들은 예수 그리스도 십자가 사랑과 부활의 능력으로만 성령의 회개와 죄 사함과 실제적인 부활의 삶을 살 수 있는 것이다.

 죽이는 기능으로서의 사망의 율법들을 폐하고, 살리는 기능으로서의 복음은 예수 그리스도의 법, 생명의 성령의 법, 성령으로 항상 사는 믿음 뿐이다.

창세기 3:7

이에 그들의 눈이 밝아 자기들의 몸이 벗은 줄을 알고
무화과나무 잎을 엮어 치마를 하였더라

창세기 3:21

여호와 하나님이 아담과 그 아내를 위하여
가죽 옷을 지어 입히시니라

레위기 17:11

육체의 생명은 피에 있음이라
내가 이 피를 너희에게 주어 단에 뿌려
너희의 생명을 위하여 속하게 하였나니
생명이 피에 있으므로 피가 죄를 속하느니라

갈라디아서 3:3

너희가 이같이 어리석으냐
성령으로 시작하였다가 이제는 육체로 마치겠느냐

마태복음 23:15

화 있을찐저 외식하는 서기관들과 바리새인들이여
너희는 교인 하나를 얻기 위하여
바다와 육지를 두루 다니다가 생기면
너희보다 배나 더 지옥 자식이 되게 하는도다

마가복음 3:29

누구든지 성령을 훼방하는 자는 사하심을
영원히 얻지 못하고 영원한 죄에 처하느니라 하시니

하나님의 깊으신 뜻을 아는 것은 오직 성령뿐이시다. 성령의 계시로 기록된 모든 율법과 선지서와 성경은 오직 성령의 인도를 받아야만이 제대로 알 수가 있고 깨닫는 것이다.

성경을 성령으로 알지 아니하고 인간으로 풀면 인본주의 교리와 종교가 된다. 일반적으로 종교의 죄에 대한 개념은 인간이 정한 의로 죄를 정한 것이다. 오직 하나님 자신이 하나님 자신의 절대 의로서 정한 것만이 죄이다. 죄를 사하실 수 있는 분도 오직 절대 의이신 하나님 한 분이시다.

율법을 주신 것은 첫 아담 안에 속한 모든 사람들을 죄인으로 확정시킴으로써, 모든 사람들이 하나님의 은혜와 긍휼이 필요한 자인 것을 알게 하는 것이고, 하나님께서 은혜를 베푸실 조건으로 만드시기 위함이 율법의 기능이다. 하나님 앞에서 모든 사람을 범죄자로 확정하기 위하여 율법을 주셨다.

하나님이 율법을 주신 이유와 목적은 하나님의 절대 의를 주장하심이고 하나님만이 의라고 주장하심이 율법의 근원적인 목적이다. 하나님 의만이 완전한 절대 의이기에 하나님 앞에서 다른 의 주장은 불법이다. 하나님의 절대 의가 아닌 모든 의의 주장들은 모두 불법이고 교만이다. 인생들이 죄를 짓는 행위뿐만이 아니라 자기 의를 주장함이 죄이다.

아담의 원죄는 하나님 절대 의인 선악과에 손을 대서 자기 의로 취한 것이다. 사탄 죄 육신의 육체인 아담을 율법으로 죄를 정하여 사형을 선고한 것이다. 죄가 전혀 없는 하나님 예수가 아담의 마귀 죄 육신이 되어서 대신 죄들을 뒤집어 쓰고, 마귀 죄 육신인 사람의 육체가 되어서 사람들의 죄들을 대신 짊어지고 십자가에 달린 놋뱀이 되어서 어린 양 희생 제물로 죽으셨다.

율법으로 정죄된 육체가 예수 십자가에서 믿음으로 함께 죽은 자들은 누구든지 율법이 정죄할 대상이 사라졌다. 예수 십자가 죽음을 나의 죽음으로 믿고서 성령으로 거듭난 자들은 첫 아담의 원죄와 율법의 정죄로부터 완전한 죄사함과 하나님 속죄와 하나님 구속과 부활이 완성되었다.

십자가에서 예수와 함께 내가 죽었고 장사되고 성령으로 거듭났으면, 이제는 더이상 율법이 나를 정죄하지 못하기에 죄와 상관이 없는 자이고, 법적으로 하나님 앞에서 과거 현재 미래의 죄가 완전하게 도말되었고, 율법의 정죄가 끝났고, 하나님이 더이상 자아적 율법의 의를 요구하지 아니하시니, 이것이 죄사함이고, 율법에서의 완전한 해방이 된 것이다.

예수 그리스도의 십자가 죽음과 장사와 부활과 연합하여 거듭난 성도는 율법의 저주로부터, 율법의 심판으로부터, 율법의 정죄로부터, 율법의 사망 선고로부터 해방된 것이고, 영혼이 완전한 자유로 구원을 얻은 것이다. 그래서 예수님의 십자가는 항상 위대하고 기쁜 소식(복음)인 것이다.

성경적 복음인 성령의 믿음으로 거듭나고 동행하지 아니하면 교회 안에서 외식하는 율법주의 바리새인이 되는 것이며, 종교 행위로 인하여 하나님 앞에서 불법을 행하는 자가 된다.

마태복음 23:13~28

화 있을찐저 외식하는 서기관들과 바리새인들이여
너희는 천국 문을 사람들 앞에서 닫고 너희도 들어가지 않고
들어가려 하는 자도 들어가지 못하게 하는도다
화 있을찐저 외식하는 서기관들과 바리새인들이여
너희는 교인 하나를 얻기 위하여
바다와 육지를 두루 다니다가 생기면
너희보다 배나 더 지옥 자식이 되게 하는도다
화 있을찐저 소경된 인도자여
너희가 말하되 누구든지 성전으로 맹세하면 아무 일 없거니와
성전의 금으로 맹세하면 지킬찌라 하는도다
우맹이요 소경들이여 어느 것이 크뇨
그 금이냐 금을 거룩하게 하는 성전이냐
너희가 또 이르되 누구든지 제단으로 맹세하면 아무 일 없거니와
그 위에 있는 예물로 맹세하면 지킬찌라 하는도다
소경들이여 어느 것이 크뇨
그 예물이냐 예물을 거룩하게 하는 제단이냐
그러므로 제단으로 맹세하는 자는
제단과 그 위에 있는 모든 것으로 맹세함이요

또 성전으로 맹세하는 자는 성전과 그 안에 계신 이로 맹세함이요

또 하늘로 맹세하는 자는

하나님의 보좌와 그 위에 앉으신 이로 맹세함이니라

화 있을찐저 외식하는 서기관들과 바리새인들이여

너희가 박하와 회향과 근채의 십일조를 드리되

율법의 더 중한 바 의와 인과 신은 버렸도다

그러나 이것도 행하고 저것도 버리지 말아야 할찌니라

소경된 인도자여 하루살이는 걸러내고 약대는 삼키는 도다

화 있을찐저 외식하는 서기관들과 바리새인들이여

잔과 대접의 겉은 깨끗이 하되

그 안에는 탐욕과 방탕으로 가득하게 하는도다

소경된 바리새인아 너는 먼저 안을 깨끗이 하라

그리하면 겉도 깨끗하리라

화 있을찐저 외식하는 서기관들과 바리새인들이여

회칠한 무덤 같으니 겉으로는 아름답게 보이나

그 안에는 죽은 사람의 뼈와 모든 더러운 것이 가득하도다

이와 같이 너희도 겉으로는 사람에게 옳게 보이되

안으로는 외식과 불법이 가득하도다

고린도전서 4:20

하나님의 나라는 말에 있지 아니하고 오직 능력에 있음이라

로마서 7:7

그런즉 우리가 무슨 말 하리요 율법이 죄냐 그럴 수 없느니라
율법으로 말미암지 않고는 내가 죄를 알지 못하였나니
곧 율법이 탐내지 말라 하지 아니하였더면
내가 탐심을 알지 못하였으리라

로마서 3:19~20

우리가 알거니와 무릇 율법이 말하는 바는
율법 아래 있는 자들에게 말하는 것이니
이는 모든 입을 막고 온 세상으로
하나님의 심판 아래 있게 하려 함이니라 그러므로
율법의 행위로 그의 앞에 의롭다 하심을 얻을 육체가 없나니
율법으로는 죄를 깨달음이니라

로마서 5:13

죄가 율법 있기 전에도 세상에 있었으나
율법이 없을 때에는 죄를 죄로 여기지 아니하느니라

로마서 5:20

율법이 가입한 것은 범죄를 더하게 하려 함이라

그러나 죄가 더 한 곳에 은혜가 더욱 넘쳤나니

로마서 6:8

만일 우리가 그리스도와 함께 죽었으면

또한 그와 함께 살 줄을 믿노니

로마서 8:3,4

율법이 육신으로 말미암아

연약하여 할 수 없는 그것을 하나님은 하시나니

곧 죄를 인하여 자기 아들을 죄 있는 육신의 모양으로 보내어

육신에 죄를 정하사 육신을 좇지 않고

그 영을 좇아 행하는 우리에게

율법의 요구를 이루어지게 하려 하심이니라

로마서 9:26~33

너희는 내 백성이 아니라 한 그 곳에서 그들이 살아 계신
하나님의 아들이라 일컬음을 받으리라 함과 같으니라
또 이사야가 이스라엘에 관하여 외치되
이스라엘 자손들의 수가 비록 바다의 모래 같을지라도
남은 자만 구원을 받으리니
주께서 땅 위에서 그 말씀을 이루고
속히 시행하시리라 하셨느니라
또한 이사야가 미리 말한 바
만일 만군의 주께서 우리에게 씨를 남겨 두지 아니하셨더라면
우리가 소돔과 같이 되고 고모라와 같았으리로다 함과 같으니라
그런즉 우리가 무슨 말을 하리요
의를 따르지 아니한 이방인들이 의를 얻었으니 곧 믿음에서 난 의요
의의 법을 따라간 이스라엘은
율법에 이르지 못하였으니 어찌 그러하냐
이는 그들이 믿음을 의지하지 않고 행위를 의지함이라
부딪칠 돌에 부딪쳤느니라 기록된 바 보라
내가 걸림돌과 거치는 바위를 시온에 두노니
그를 믿는 자는 부끄러움을 당하지 아니하리라 함과 같으니라

갈라디아서 2:19

내가 율법으로 말미암아 율법에 대하여 죽었나니
이는 하나님에 대하여 살려 함이라

갈라디아서 3:13

그리스도께서 우리를 위하여 저주를 받은 바 되사
율법의 저주에서 우리를 속량하셨으니
기록된 바 나무에 달린 자마다 저주 아래 있는 자라 하였음이라

로마서 10:4

그리스도는 모든 믿는 자에게 의를 이루기 위하여
율법의 마침이 되시니라

마태복음 5:17

내가 율법이나 선지자나 폐하러 온 줄로 생각지 말라
폐하러 온 것이 아니요 완전케 하려 함이로라

로마서 3:19

우리가 알거니와 무릇 율법이 말하는 바는
율법 아래 있는 자들에게 말하는 것이니
이는 모든 입을 막고 온 세상으로
하나님의 심판 아래 있게 하려 함이니라

로마서 11:32

하나님이 모든 사람을 순종치 아니하는 가운데
가두어 두심은 모든 사람에게 긍휼을 베풀려 하심이로다

야고보서 2:10

누구든지 온 율법을 지키다가
그 하나에 거치면 모두 범한 자가 되나니

갈라디아서 3:10

무릇 율법 행위에 속한 자들은 저주 아래 있나니 기록된바
누구든지 율법 책에 기록된 대로

온갖 일을 항상 행하지 아니하는 자는
저주 아래 있는 자라 하였음이라

갈라디아서 3:22

그러나 성경이 모든 것을 죄 아래 가두었으니
이는 예수 그리스도를 믿음으로 말미암은
약속을 믿는 자들에게 주려 함이니라

갈라디아서 5:3~4

내가 할례를 받는 각 사람에게 다시 증거하노니
그는 율법 전체를 행할 의무를 가진 자라
율법 안에서 의롭다 함을 얻으려 하는 너희는
그리스도에게서 끊어지고 은혜에서 떨어진 자로다

디모데전서 6:3~5

누구든지 다른 교훈을 하며 바른 말
곧 우리 주 예수 그리스도의 말씀과

경건에 관한 교훈에 착념치 아니하면
저는 교만하여 아무것도 알지 못하고
변론과 언쟁을 좋아하는 자니
이로써 투기와 분쟁과 훼방과 악한 생각이 나며
마음이 부패하여지고 진리를 잃어버려
경건을 이익의 재료로 생각하는 자들의 다툼이 일어나느니라

누가복음 20:38

하나님은 죽은 자의 하나님이 아니요 산 자의 하나님이시라
하나님에게는 모든 사람이 살았느니라 하시니

골로새서 2:20

너희가 세상의 초등 학문에서 그리스도와 함께 죽었거든
어찌하여 세상에 사는 것과 같이 의문에 순종하느냐

에베소서 2:15,16

원수 된 것 곧 의문에 속한 계명의 율법을 자기 육체로 폐하셨으니
이는 이 둘로 자기의 안에서 한 새 사람을 지어 화평하게 하시고
또 십자가로 이 둘을 한 몸으로 하나님과 화목하게 하려 하심이라
원수 된 것을 십자가로 소멸하시고

십자가 죽음과 예수 믿음과 하나님 복음

 하나님 말씀인 성경에서 구약 예언들은 예수 그리스도의 십자가와 인류 구원을 예언한 것이고, 신약은 구약의 예언들이 예수 그리스도의 십자가 대속의 죽음과 장사와 부활의 성령으로 완성됨으로써 우리 모든 거듭난 사람들의 영생하는 천국의 구원이 완전하게 완성되었다는 것이다.

 성경학자들의 분석에 의하면 신구약 성경에는 1817개의 예언들이 기록되어 있으며, 모든 예언 말씀들 중에서 70% ~ 80%가 성경 기록대로 역사적으로 완전하게 이루어졌다는 사실을 확인할 수 있다고 한다. 이제 남아있는 성경 예언들은 말말세지말에 있을 세상의 심판과 예수님 재림과 천년왕국과 천국완성의 예언만을 남기고 있다.

 하나님 말씀인 성경(로고스)은 일반 언어가 아니라 영이고 생명이다. 영과 생명은 하나님 성령으로만 말씀(레마)을 올바르게 이해할 수 있다. 하나님 성령과 거듭난 영이 아니면 성령으로 기록한 성경을 알 수 없다. 옛 자아인 육과 혼으로는 아무리 배워도 성경을 레마로 깨달아 알 수가 없다. 그러나 하나님께서 택정(예정)한 사람들에게는 어느 날 복음을 깨닫게 하신다. 각 사람들에 따라서 하나님의 정해진 시간에 성경 말씀을 듣고 믿게 하신다. 하나님이 믿어지는 것은 성령님의 역사이며 이것이 성령으로 거듭남이다.

인간의 구원은 곧 하나님 자신의 구원이다.
하나님 구원의 완성은 예수 그리스도이시다.
하나님 자신의 구원 완성이 만유의 구원 완성인 것이다.
예수 그리스도 구원의 완성은 지상교회이고 천상교회이다.

인류역사 가운데 가장 위대하고 기쁜 소식(복음)은 하나님의 독생자이신 예수 그리스도를 알고 믿게 하셔서 성도의 몸 안에 하나님 아들 예수가 영으로 내주하시는 것이다. 그러므로 믿음으로 거듭난 성도의 몸을 성전이라고 한다. 하나님 아들의 영이 임재하였기에 거듭난 성도들은 하나님 아들들이다.

예수 십자가와 연합하여 내 육신 옛 자아가 죽고, 예수 부활과 연합하여 내 안에 예수님의 영이 내 육체를 성전 삼아서 임재하는 것이 거듭남이다. 이렇게 거듭남으로써 성령으로 낳아진 하나님 아들들이 되는 것이다. 예수님이 교회의 머리이고, 성령으로 낳아진 하나님 아들들이 교회의 몸이다. 그러므로 머리와 몸이 하나이듯이 예수님과 교회(성도)는 하나이다.

성도들이 신앙고백을 하는 것은 옛 자아의 육신적인 의지와 감정이 아니라 하나님 성령의 신앙고백이어야 하며 예수 그리스도의 믿음이어야 한다.

교회 성도들의 삶이라고 하는 것은 성도의 옛 자아는 이미 십자가에서 죽었고 예수 그리스도께서 머리와 주인이 되어서 예수님의 몸(성전)으로 사는 것이다.

로고스 성경 말씀은 성령으로 말하고 들어야 하나님의 능력과 역사가 된다. 각 사람들에게 성령으로 임하는 성령의 말씀(성경)을 레마라고 한다. 레마 말씀은 항상 성경을 기준하여 마음과 생각과 양심으로 들을 수 있다.

하나님으로 거듭난 자가 하는 성령의 말은 진리이고 영이요 생명이다. 성령으로 낳아진 아들들이 예수 그리스도의 영으로 믿는 것이 믿음이다. 예수 생명으로 믿는 것이 믿음이고, 옛자아 육으로 믿는 것은 가짜 믿음이다. 하나님 아들로서 영으로 믿는 믿음이 영적이고 성경적인 참 믿음이다. 하나님이 낳은 아들이기 때문에 보혜사 성령으로 믿어지는 것이다.

하나님 아들이 아닌 사탄의 종으로서 옛 자아 육신으로 믿는 것은 성경적 믿음이 전혀 아니고 율법적인 종교 행위이다. 육적인 자들의 종교적인 믿음은 율법 행위이고 종교 생활인 것이다.

하나님이 낳은 아버지와 아들의 관계에서는 법적인 율법 관계에 있지 않다. 율법 정죄에서 벗어날 수 있는 것은 하나님 아들의 생명으로의 관계 전환이다. 성령의 믿음으로 인하여 거듭나는 것은 하나님 아들로의 생명 전환이다. 하나님으로 죄사함과 거듭남이라는 것은 하나님과의 관계가 전환된 것이다. 율법이 적용되는 종의 관계에서 아버지와 아들의 관계로 전환된 것이며 교회 성전으로서, 신랑 예수 그리스도의 신부로서 하나님과 하나가 된 것이다.

죄와 사망의 법인 율법에서 벗어나는 유일무이한 길은 죄와 율법에 대하여 옛 자아인 내가 예수 그리스도 십자가에서 함께 죽는 것이다. 그렇게 십자가에서 죽은 이후 부활의 예수 영으로 거듭난 하나님 아들들은 언제나 생명과 성령의 법, 예수 그리스도의 법으로 천국을 사는 것이다. 성령으로 거듭난 이후부터는 육체인 옛 자아로 사는 것이 아니라 모든 환경에서의 삶을 예수 그리스도의 믿음과 성령으로 산다. 성령의 믿음으로 거듭나면 새사람 속사람 새피조물이다.

하나님 의는 믿음이고 예수님의 믿음만이 참 믿음이다.
성령님으로 믿는 것이 하나님의 일인 것이다.
하나님에게서 나오는 모든 것들은 믿음의 산물이다.
하나님께로서 난 예수가 믿음의 주이고 믿음의 실체이다.
예수 안에 있는 믿음, 성령으로 난 믿음만이 성경적 믿음이다.
율법은 죄와 사망의 법이고, 예수 그리스도의 믿음은 생명의 성령의 법이다.

　복음을 믿어서 하나님 아들로 거듭나게 되었고, 양자의 영을 받아서 아들이 됨으로써 죄와 사망의 법인 율법의 정죄에서 해방되었고, 율법의 저주에서 놓였고, 율법의 진노에서 벗어났고, 율법의 심판에 대하여 죽었다. 이것이 거듭남이고 하나님의 구원이고 천국 영생의 삶이다.

　예수 그리스도가 율법의 전체 과정을 거쳐서 죽으시고 부활하심으로 오신 예수님이 우리에게 오셔서 성령으로 낳아야 하나님 아들로 거듭나는 것이다. 하나님으로 낳아지지 않고는 불가능한 것이 생명의 세계이고 영적인 세계이다.

성령으로 거듭나서 하나님 아들 즉 양자가 되었으면 율법의 다스림이 아닌 아들의 영, 성령의 인도를 받게 되는 것이다.

예수님을 믿는 성령 믿음으로 인한 성령의 회개를 통하여 죄 사함을 받고, 사망의 몸인 자기 자신의 옛 자아를 깨달아서 예수님 십자가에 함께 죽으며, 예수님의 장사와 연합하여 자기 자신의 옛 자아가 무덤에 장사되고, 예수님의 부활 승천과 연합하여 내 영혼이 아들로서 부활이 되고, 오순절 성령강림 이후 교회 시대에서 세상을 살아가는 동안에는 모든 환경에서 항상 성령 내주와 성령 충만으로 예수를 옷 입고서 그리스도와의 일체로 인하여 하나님 아들로써 천국 삶을 산다. 성령의 믿음으로 인하여 새피조물 새사람을 사는 것이다.

창세기 3:21

여호와 하나님이 아담과 그 아내를 위하여
가죽옷을 지어 입히시니라

요한복음 1:12

영접하는 자 곧 그 이름을 믿는 자들에게는
하나님의 자녀가 되는 권세를 주셨으니

로마서 3:28

그러므로 사람이 의롭다 하심을 얻는 것은
율법의 행위에 있지 않고 믿음으로 되는 줄 우리가 인정하노라

로마서 8:9

만일 너희 속에 하나님의 영이 거하시면
너희가 육신에 있지 아니하고
영에 있나니 누구든지 그리스도의 영이 없으면
그리스도의 사람이 아니라

로마서 8:15

너희는 다시 무서워하는 종의 영을 받지 아니하였고
양자의 영을 받았으므로 아바 아버지라 부르짖느니라

갈라디아서 4:6,7

너희가 아들인고로 하나님이 그 아들의 영을
우리 마음 가운데 보내사
아바 아버지라 부르게 하셨느니라
그러므로 네가 이후로는 종이 아니요
아들이니 아들이면 하나님으로 말미암아 유업을 이을 자니라

갈라디아서 5:18

너희가 만일 성령의 인도하시는 바가 되면
율법 아래 있지 아니하리라

갈라디아서 2:20~21

내가 그리스도와 함께 십자가에 못 박혔나니 그런즉
이제는 내가 사는 것이 아니요
오직 내 안에 그리스도께서 사시는 것이라
이제 내가 육체 가운데 사는 것은
나를 사랑하사 나를 위하여 자기 자신을 버리신
하나님의 아들을 믿는 믿음 안에서 사는 것이라

내가 하나님의 은혜를 폐하지 아니하노니
만일 의롭게 되는 것이 율법으로 말미암으면
그리스도께서 헛되이 죽으셨느니라

로마서 6:14

죄가 너희를 주관치 못하리니
이는 너희가 법 아래 있지 아니하고 은혜 아래 있음이니라

로마서 8:1~3

그러므로 이제 그리스도 예수 안에 있는 자에게는
결코 정죄함이 없나니 이는 그리스도 예수 안에 있는
생명의 성령의 법이 죄와 사망의 법에서 너를 해방하였음이라
율법이 육신으로 말미암아 연약하여
할 수 없는 그것을 하나님은 하시나니
곧 죄를 인하여 자기 아들을 죄 있는 육신의 모양으로 보내어
육신에 죄를 정하사

요한복음 6:63

살리는 것은 영이니 육은 무익하니라
내가 너희에게 이른 말이 영이요 생명이라

고린도전서 15:45

기록된바 첫 사람 아담은 산 영(혼)이 되었다 함과 같이
마지막 아담은 살려 주는 영이 되었나니

1 Corinthians 15:45

So also it is written,
The first man Adam became a living soul.
The last Adam became a life-giving spirit.

요한복음 3:3~7

예수께서 대답하여 가라사대 진실로 진실로 네게 이르노니
사람이 거듭나지 아니하면 하나님 나라를 볼 수 없느니라
니고데모가 가로되 사람이 늙으면 어떻게 날 수 있삽나이까

두 번째 모태에 들어갔다가 날 수 있삽나이까
예수께서 대답하시되 진실로 진실로 네게 이르노니
사람이 물과 성령으로 나지 아니하면
하나님 나라에 들어갈 수 없느니라
육으로 난 것은 육이요 성령으로 난 것은 영이니
내가 네게 거듭나야 하겠다 하는 말을 기이히 여기지 말라

요한복음 6:28,29

저희가 묻되 우리가 어떻게 하여야 하나님의 일을 하오리이까
예수께서 대답하여 가라사대
하나님의 보내신 자를 믿는 것이
하나님의 일이니라 하시니

요한1서 3:9

하나님께로서 난 자마다 죄를 짓지 아니하나니
이는 하나님의 씨가 그의 속에 거함이요
저도 범죄치 못하는 것은 하나님께로서 났음이라

로마서 7:22

내 속 사람으로는 하나님의 법을 즐거워하되

고린도후서 5:17

그런즉 누구든지 그리스도 안에 있으면 새로운 피조물이라
이전 것은 지나갔으니 보라 새 것이 되었도다

에베소서 4:24

하나님을 따라 의와 진리의 거룩함으로 지으심을 받은
새 사람을 입으라

골로새서 3:10

새 사람을 입었으니 이는 자기를 창조하신 자의 형상을 좇아
지식에까지 새롭게 하심을 받는 자니라

하나님께서는 믿음으로 거듭난 하나님의 아들들이 이 세상을 살아갈 때에 믿음의 순도와 믿음의 크기와 은사에 따라서 다양하게 하나님 나라를 살게 하시면서 언제나 예수의 믿음으로 세상과 죄를 넉넉하게 이기게 하신다.

예수 그리스도를 믿는 믿음 안에서 성도의 능력은 위대하며 하나님께서 능력을 주시는 자 안에서 성도는 무엇이든지 할 수가 있다.

말세지말에 전 세계적으로 큰 문제가 되고 있는 영지주의와 신비주의와 바벨론 사탄종교와 비성경적인 사이비이단 신사도 운동들의 지나치게 자기 욕망과 미혹을 위하는 영적인 해석들과 신학들에 대하여는 항상 경계하고 밝히 드러내야 할 것이다. 그러나 이러한 사탄종교와 이단 문제들로 인하여 성경을 기준하여 지극히 정상적인 환상 계시 예언 등 성령의 역사들을 지나치게 제한하거나 무조건 거부하는 것은 성령을 방해하는 하나님 반역이 될 수 있기 때문에 교계 지도자들은 더욱 기도로 깨어서 분별하여야 한다.

마태복음 17:20

가라사대 너희 믿음이 적은 연고니라
진실로 너희에게 이르노니
너희가 만일 믿음이 한 겨자씨 만큼만 있으면
이 산을 명하여 여기서 저기로 옮기라 하여도 옮길 것이요
또 너희가 못할 것이 없으리라

마가복음 4:31~32

겨자씨 한 알과 같으니 땅에 심길 때에는
땅위의 모든 씨보다 작은 것이로되
심긴 후에는 자라서 모든 나물보다 커지며 큰 가지를 내니
공중의 새들이 그 그늘에 깃들일 만큼 되느니라

누가복음 13:19

마치 사람이 자기 채소밭에 갖다 심은 겨자씨 한 알 같으니
자라 나무가 되어 공중의 새들이 그 가지에 깃들였느니라

누가복음 17:6

주께서 가라사대 너희에게 겨자씨 한알 만한 믿음이 있었더면
이 뽕나무 더러 뿌리가 뽑혀 바다에 심기우라 하였을 것이요
그것이 너희에게 순종하였으리라

갈라디아서 2:20

내가 그리스도와 함께 십자가에 못 박혔나니
그런즉 이제는 내가 산 것이 아니요
오직 내 안에 그리스도께서 사신 것이라
이제 내가 육체 가운데 사는 것은
나를 사랑하사 나를 위하여 자기 몸을 버리신
하나님의 아들을 믿는 믿음 안에서 사는 것이라

요한1서 3:9

하나님께로서 난 자마다 죄를 짓지 아니하나니
이는 하나님의 씨가 그의 속에 거함이요
저도 범죄치 못하는 것은 하나님께로서 났음이라

베드로전서 2:24

친히 나무에 달려 그 몸으로 우리 죄를 담당하셨으니

이는 우리로 죄에 대하여 죽고 의에 대하여 살게 하려 하심이라

저가 채찍에 맞음으로 너희는 나음을 얻었나니

요한복음 6:48~58

내가 곧 생명의 떡이로라

너희 조상들은 광야에서 만나를 먹었어도 죽었거니와

이는 하늘로서 내려오는 떡이니

사람으로 하여금 먹고 죽지 아니하게 하는 것이니라

나는 하늘로서 내려온 산 떡이니 사람이 이 떡을 먹으면 영생하리라

나의 줄 떡은 곧 세상의 생명을 위한 내 살이로라 하시니라

이러므로 유대인들이 서로 다투어 가로되

이 사람이 어찌 능히 제 살을 우리에게 주어 먹게 하겠느냐

예수께서 이르시되 내가 진실로 진실로 너희에게 이르노니

인자의 살을 먹지 아니하고 인자의 피를 마시지 아니하면

너희 속에 생명이 없느니라

내 살을 먹고 내 피를 마시는 자는 영생을 가졌고

마지막 날에 내가 그를 다시 살리리니

내 살은 참된 양식이요 내 피는 참된 음료로다

내 살을 먹고 내 피를 마시는 자는
내 안에 거하고 나도 그 안에 거하나니
살아계신 아버지께서 나를 보내시매
내가 아버지로 인하여 사는 것 같이
나를 먹는 그 사람도 나로 인하여 살리라
이것은 하늘로서 내려온 떡이니
조상들이 먹고도 죽은 그것과 같지 아니하여
이 떡을 먹는 자는 영원히 살리라

요한복음 17:21~24

아버지께서 내 안에, 내가 아버지 안에 있는 것 같이
저희도 다 하나가 되어 우리 안에 있게 하사
세상으로 아버지께서 나를 보내신 것을 믿게 하옵소서
내게 주신 영광을 내가 저희에게 주었사오니 이는
우리가 하나가 된 것같이 저희도 하나가 되게 하려 함이니이다
곧 내가 저희 안에, 아버지께서 내 안에 계셔
저희로 온전함을 이루어 하나가 되게 하려 함은
아버지께서 나를 보내신 것과 또 나를 사랑하심같이
저희도 사랑하신 것을 세상으로 알게 하려 함이로소이다
아버지여 내게 주신 자도 나 있는 곳에 나와 함께 있어
아버지께서 창세 전부터 나를 사랑하시므로 내게 주신
나의 영광을 저희로 보게 하시기를 원하옵나이다

요한복음 14:26

보혜사 곧 아버지께서 내 이름으로 보내실
성령 그가 너희에게 모든 것을 가르치시고
내가 너희에게 말한 모든 것을 생각나게 하시리라

빌립보서 4:13

내게 능력 주시는 자 안에서 내가 모든 것을 할 수 있느니라

예수님 얼굴을 바라보며 성령의 믿음을 붙잡으면 연약한 어부 베드로라고 할지라도 물위를 걷는다. 그러나 육신으로 옛 자아가 되었을 때에는 즉시로 영의 믿음은 없어지고 육신의 불신으로 인하여 세상 물속에 빠져든다.

마태복음 14:28~31

베드로가 대답하여 가로되 주여 만일 주시어든
나를 명하사 물 위로 오라 하소서 한대 오라 하시니
베드로가 배에서 내려 물 위로 걸어서 예수께로 가되
바람을 보고 무서워 빠져 가는지라 소리질러 가로되
주여 나를 구원하소서 하니
예수께서 즉시 손을 내밀어 저를 붙잡으시며 가라사대
믿음이 적은 자여 왜 의심하였느냐 하시고

 하나님 형상인 사람은 하나님이 내주하지 아니하면 수만억금을 가지고 구월궁전에 살면서 수천명 아내를 가져도 결코 만족할 수 없는 것이 사람이다.

 그러나 성령의 믿음으로 거듭나서 예수 그리스도의 영이 내주하시면 하나님의 전부를 소유하였기에 모든 시간과 모든 상황에서 항상 만족한다. 모든 환경에서 항상 예수의 믿음과 소망과 사랑으로 천국을 살 수 있다.

시편 62:9

진실로 천한 자도 헛되고 높은 자도 거짓되니
저울에 달면 들려 입김보다 경하리로다

전도서 1:2

전도자가 가로되 헛되고 헛되며 헛되고 헛되니 모든 것이 헛되도다

이사야 41:29

과연 그들의 모든 행사는 공허하며 허무하며
그들의 부어 만든 우상은 바람이요 허탄한 것뿐이니라

고린도전서 3:21~23

그런즉 누구든지 사람을 자랑하지 말라 만물이 다 너희 것임이라
바울이나 아볼로나 게바나 세계나 생명이나 사망이나

지금 것이나 장래 것이나 다 너희의 것이요
너희는 그리스도의 것이요 그리스도는 하나님의 것이니라

마태복음 16:19

내가 천국 열쇠를 네게 주리니 네가 땅에서 무엇이든지 매면
하늘에서도 매일 것이요 네가 땅에서 무엇이든지 풀면
하늘에서도 풀리리라 하시고

요한복음 3:3,5

예수께서 대답하여 가라사대 진실로 진실로 네게 이르노니
사람이 거듭나지 아니하면 하나님 나라를 볼 수 없느니라…
예수께서 대답하시되 진실로 진실로 네게 이르노니
사람이 물과 성령으로 나지 아니하면
하나님 나라에 들어갈 수 없느니라

로마서 10:9,10

네가 만일 네 입으로 예수를 주로 시인하며
또 하나님께서 그를 죽은 자 가운데서 살리신 것을
네 마음에 믿으면 구원을 얻으리니
사람이 마음으로 믿어 의에 이르고
입으로 시인하여 구원에 이르느니라

요한복음 15:11

내가 이것을 너희에게 이름은 내 기쁨이 너희 안에 있어
너희 기쁨을 충만하게 하려 함이니라

하나님 약속(언약)과 성전

하나님 약속들은 하나님의 사람들을 통한 율법과 복음으로 성취된다. 모세와 엘리야는 율법과 선지자의 대표자들이며, 세례 요한은 율법과 선지자의 마지막이고, 예수님은 생명의 성령의 법, 그리스도 법으로써 율법과 복음의 완성이다.

전체 인류 역사는 예수의 이야기이다. (His Story = Jesus' Story) 하나님의 맹세 언약이 예수님 이전(BC)과 이후(AD)로 구분되어 기록된 구약과 신약의 성경 말씀이고, 언약은 아래의 세 단계 복음으로 구성되어 있다.

1. '원시복음, 원시언약'

하나님께서는 아담과 이브가 선악과 사건으로 타락할 것을 미리 아시고 원시복음을 통하여 사탄(뱀/용)이 하나님 아들의 발꿈치를 물 것이지만, 하나님 아들 예수가 뱀의 머리를 상하게 하여 이길 것을 말씀하셨다.

사람들은 누구나 타락한 천사인 사탄 무리들과 죄로 인하여 인생의 삶 가운데 여러가지 형태의 수많은 고통 가운데 살고 있지만 하나님 아들 예수(교회)가 뱀 머리를 파쇄함으로써 반드시 항상 하나님 아들들이 승리하게 하신다는 하나님의 약속(언약)이다.

아담(인간)이 하나님께는 불순종하고 사탄(뱀)에 순종하는 선악과 원죄로 인하여 사탄(뱀)의 죄육신이 되고, 그 원죄로 인한 육적인 자아로 인하여 일생을 사는 동안에 돈과 명예와 철학사상과 교육과 종교 등 수만 가지의 무화과나무 잎으로 자기 자신의 수치를 가리면서 행복을 찾고자 노력하겠지만 평생을 노력해도 하나님이 없으면 허무이고 고통이다. 이러한 타락한 인간의 실존을 잘 아시는 창조주 하나님께서는 아담의 불순종 교만의 선악과 원죄로 인한 사탄의 죄육신 고통을 예수 그리스도의 성육신(가죽)으로 갈아 입히시기 위하여 십자가 죽음과 부활과 속죄와 성전 구원의 원시복음을 창세 전부터 계획하셨다.

창세기 3:7

이에 그들의 눈이 밝아 자기들의 몸이 벗은 줄을 알고
무화과나무 잎을 엮어 치마를 하였더라

창세기 3:15

내가 너로 여자와 원수가 되게 하고
네 후손도 여자의 후손과 원수가 되게 하리니

여자의 후손은 네 머리를 상하게 할 것이요

너는 그의 발꿈치를 상하게 할 것이니라 하시고

창세기 3:21

여호와 하나님이 아담과 그 아내를 위하여

가죽옷을 지어 입히시니라

2. '첫째 언약, 율법 언약'

하나님께서는 모세의 10계명으로 축약된 248개의 "하라(DO)"는 명령들과 365개의 "하지말라(DO NOT)"는 명령들로 구성된 총 613개의 율법 언약들을 주시면서 이 율법들을 지키면 반드시 축복할 것이고, 율법을 지키지 않으면 벌을 내리겠다는 하나님의 첫째 언약을 약속하셨다.

첫번째로 주신 613개 성경 율법들은 하나님이 인간에게 행위를 요구하는 법으로 주신 것이다. 행위의 율법을 저주의 법이라 하는데, 율법은 행해서 의롭게 되라고 주신 것이 아니라 행할 수 없어서 정죄를 받고 죄인이 되어서 죽으라고 주신 법이다.

첫번째로 주신 하나님의 율법 언약들은 죄와 사망의 법으로서 이 율법들이 몽학 선생과 초등학문이 되어서 예수 그리스도를 찾고 만나는 완전한 생명의 성령의 법, 그리스도의 법으로 인도 하겠다는 것이다.

율법 언약은 유언서이고 이혼서이다. 죽어서 성취될 약속이고, 율법 약속을 이행하기 위해서는 그 약속한 당사자가 죽어야만이 이루어지는 언약이다. 반드시 이혼을 해야만이 언약이 무효가 된다.

첫번째 언약은 죄와 사망의 법이기 때문에 반드시 죽어야만 이루어지는 것이고, 파기되어야 만이 완성이 되는 것이다.

유언서이고 이혼서인 율법은 유언 당사자이신 하나님이 사람으로 오셔서 하나님 예수가 십자가에서 죽으심으로 인하여 이루어지는 것이다. 믿음으로 거듭난 모든 성도들은 율법들에 대하여 예수님 십자가 죽음과 함께 믿음으로 연합하여 죽었기 때문에 더 이상의 율법의 요구는 없는 것이다.

예수 그리스도의 십자가 죽음과 연합한 성도의 죽음은 율법의 정죄에 대한 죄의 댓가인 죽음이고, 그 결과로 인하여 율법에 대하여 죽은 것이고, 율법과는 완전한 이혼이 성립된 것이다.
예수 그리스도 믿음의 법을 통하여 율법의 완성이 되었다. 예수님 임재의 성전 삶을 통하여 완전한 율법의 삶이 완성되었다. 예수 그리스도 안에서 하나님 사랑과 이웃 사랑이 완성되었다.

성경에 기록된 613개 율법들을 축약하면 모세의 십계명이고, 모세의 십계명을 압축하면 예수님께서 말씀하신 두 계명이다. 예수님의 두 계명은 "하나님 사랑"과 "이웃 사랑"이다. "하나님 사랑"과 "이웃 사랑"이 율법의 완성이다. "하나님 사랑"과 "이웃 사랑" 없는 것이 죄이다.

레위기 16:29

너희는 영원히 이 규례를 지킬지니라 칠월 곧 그 달 십일에
너희는 스스로 괴롭게 하고 아무 일도 하지 말되
본토인이든지 너희 중에 우거하는 객이든지 그리하라

출애굽기 16;28

여호와께서 모세에게 이르시되
어느 때까지 너희가 내 계명과 내 율법을 지키지 아니하려느냐

출애굽기 34:27~28

여호와께서 모세에게 이르시되 너는 이 말들을 기록하라
내가 이 말들의 뜻대로 너와 이스라엘과
언약을 세웠음이니라 하시니라
모세가 여호와와 함께 사십 일 사십 야를 거기 있으면서
떡도 먹지 아니하였고 물도 마시지 아니하였으며
여호와께서는 언약의 말씀 곧 십계명을 그 판들에 기록하셨더라

신명기 5:1,2

모세가 온 이스라엘을 불러 그들에게 이르되
이스라엘아 오늘 내가 너희 귀에 말하는
규례와 법도를 듣고 그것을 배우며 지켜 행하라
우리 하나님 여호와께서 호렙 산에서 우리와 언약을 세우셨나니

신명기 5:7~21

나 외에는 위하는 신들을 네게 있게 말찌니라
너는 자기를 위하여 새긴 우상을 만들지 말고
위로 하늘에 있는 것이나 아래로 땅에 있는 것이나

땅 밑 물 속에 있는 것의 아무 형상이든지 만들지 말며

그것들에게 절하지 말며 그것들을 섬기지 말라

나 여호와 너의 하나님은 질투하는 하나님인즉

나를 미워하는 자의 죄를 갚되

아비로부터 아들에게로 삼 사대까지 이르게 하거니와

나를 사랑하고 내 계명을 지키는 자에게는

천 대까지 은혜를 베푸느니라

너는 너의 하나님 여호와의 이름을 망령되이 일컫지 말라

나 여호와는 나의 이름을 망령되이 일컫는 자를

죄 없는 줄로 인정치 아니하리라

여호와 너의 하나님이 네게 명한 대로

안식일을 지켜 거룩하게 하라

엿새 동안은 힘써 네 모든 일을 행할 것이나

제 칠일은 너의 하나님 여호와의 안식일인즉

너나 네 아들이나 네 딸이나 네 남종이나 네 여종이나

네 소나 네 나귀나 네 모든 육축이나 네 문 안에 유하는 객이라도

아무 일도 하지 말고 네 남종이나 네 여종으로

너 같이 안식하게 할찌니라

너는 기억하라 네가 애굽 땅에서 종이 되었더니

너의 하나님 여호와가 강한 손과 편 팔로

너를 거기서 인도하여 내었나니

그러므로 너의 하나님 여호와가 너를 명하여

안식일을 지키라 하느니라

너는 너의 하나님 여호와의 명한 대로 네 부모를 공경하라 그리하면

너의 하나님 여호와가 네게 준 땅에서

네가 생명이 길고 복을 누리리라

살인하지 말찌니라 간음하지 말찌니라

도적질 하지 말찌니라

네 이웃에 대하여 거짓 증거하지 말찌니라

네 이웃의 아내를 탐내지 말찌니라

네 이웃의 집이나 그의 밭이나 그의 남종이나 그의 여종이나

그의 소나 그의 나귀나 무릇 네 이웃의 소유를 탐내지 말찌니라

신명기 8:1

내가 오늘날 명하는 모든 명령을 너희는 지켜 행하라

그리하면 너희가 살고 번성하고

여호와께서 너희의 열조에게 맹세하신 땅에 들어가서

그것을 얻으리라

마태복음 22:37~40

예수께서 가라사대

네 마음을 다하고 목숨을 다하고 뜻을 다하여

주 너의 하나님을 사랑하라 하셨으니

이것이 크고 첫째 되는 계명이요 둘째는 그와 같으니
네 이웃을 네 몸과 같이 사랑하라 하셨으니
이 두 계명이 온 율법과 선지자의 강령이니라

하나님께서는 첫째 언약인 율법 언약으로는 우리의 완전한 구원이 완성될 수도 없다는 사실을 잘 아시기에 예수님 십자가 복음의 능력을 통한 둘째 언약인 생명의 성령의 법, 그리스도의 법, 예수 그리스도의 법을 창세 전부터 예정하여 준비하셨고 성경 말씀을 통하여 계시하셨다.

하나님께서는 첫째 언약인 율법을 통해서 하나님 아들들인 사람으로서 십계명의 기초 가운데 "하라(DO)" 계명들과 "하지 말라(DO NOT)" 계명들을 통하여 천국의 아들들이 율법의 삶으로 세상과 죄를 이길 것을 명하셨지만 결과적으로 인간 스스로는 불가능한 것이고, 모든 율법을 올바르게 지키는 것도 오직 100% 하나님 은혜만으로 가능할 수 있다는 사실을 인정하는 믿음으로 하나님 예수께 나아와서 하나님의 천국 구원을 얻게 하셨다.

이러한 인생들의 연약함을 아시는 하나님께서는 첫째 언약에서 언약 제물의 불 가운데를 하나님이 혼자서 지나가시고, 첫째 언약을 완성하기 위하여 하나님(예수님) 혼자서 제물의 한 가운데를 불로 지나가심으로써 하나님께서 혼자서 언약을 완성하시겠다는 것이고, 예수님 십자가 죽음과 장사와 부활을 통하여 새 언약으로 완성하신다. 둘째 언약인 생명의 성령의 법, 그리스도의 법, 예수 그리스도 믿음의 법으로써 누구든지 이 세상에서부터 죄와 사탄을 넉넉하게 이기고 항상 천국을 살 수가 있으며, 천국 영생을 영원히 살게 하신다. 결과적으로 인간의 구원은 전적으로 하나님 은혜와 사랑이다.

누가복음 16:16

율법과 선지자는 요한의 때까지요
그 후부터는 하나님 나라의 복음이 전파되어
사람마다 그리로 침입하느니라

히브리서 4:15

우리에게 있는 대제사장은
우리 연약함을 체휼하지 아니하는 자가 아니요
모든 일에 우리와 한결 같이 시험을 받은 자로되 죄는 없으시니라

히브리서 9:16~17

유언은 유언한 자가 죽어야 되나니
유언은 그 사람이 죽은 후에야 견고한 즉
유언한 자가 살았을 때에는 언제든지 효력이 없느니라

창세기 15:9~21

여호와께서 그에게 이르시되 나를 위하여
삼년된 암소와 삼년된 암염소와 삼년된 수양과
산비둘기와 집비둘기 새끼를 취할찌니라
아브람이 그 모든 것을 취하여 그 중간을 쪼개고
그 쪼갠 것을 마주 대하여 놓고 그 새는 쪼개지 아니하였으며
솔개가 그 사체 위에 내릴 때에는 아브람이 쫓았더라
해질 때에 아브람이 깊이 잠든 중에
캄캄함이 임하므로 심히 두려워하더니
여호와께서 아브람에게 이르시되 너는 정녕히 알라
네 자손이 이방에서 객이 되어 그들을 섬기겠고
그들은 사백 년 동안 네 자손을 괴롭게 하리니
그 섬기는 나라를 내가 징치할찌며
그 후에 네 자손이 큰 재물을 이끌고 나오리라
너는 장수하다가 평안히 조상에게로 돌아가 장사될 것이요

네 자손은 사 대 만에 이 땅으로 돌아오리니

이는 아모리 족속의 죄악이 아직 관영치 아니함이니라 하시더니

해가 져서 어둘 때에 연기 나는 풀무가 보이며

타는 횃불이 쪼갠 고기 사이로 지나더라

그 날에 여호와께서 아브람으로 더불어 언약을 세워 가라사대

내가 이 땅을 애굽 강에서부터

그 큰 강 유브라데까지 네 자손에게 주노니

곧 겐 족속과 그니스 족속과 갓몬 족속과 헷 족속과 브리스 족속과

르바 족속과 아모리 족속과 가나안 족속과 기르가스 족속과

여부스 족속의 땅이니라 하셨더라

갈라디아서 3:18,19

만일 그 유업이 율법에서 난 것이면 약속에서 난 것이 아니리라

그러나 하나님이 약속으로 말미암아

아브라함에게 은혜로 주신 것이라

그런즉 율법은 무엇이냐 범법함을 인하여 더한 것이라

천사들로 말미암아 중보의 손을 빌어 베푸신 것인데

약속하신 자손이 오시기까지 있을 것이라

갈라디아서 3:10,11

무릇 율법 행위에 속한 자들은 저주 아래 있나니
기록된 바 누구든지 율법책에 기록된 대로
온갖 일을 항상 행하지 아니하는 자는
저주 아래 있는 자라 하였음이라
또 하나님 앞에서 아무나 율법으로 말미암아
의롭게 되지 못할 것이 분명하니
이는 의인이 믿음으로 살리라 하였음이니라

갈라디아서 3:23

믿음이 오기 전에 우리가 율법 아래 매인 바 되고
계시될 믿음의 때까지 갇혔느니라

갈라디아서 5:4

율법 안에서 의롭다 함을 얻으려 하는 너희는
그리스도에게서 끊어지고 은혜에서 떨어진 자로다

로마서 3:19~24

우리가 알거니와 무릇 율법이 말하는 바는
율법 아래 있는 자들에게 말하는 것이니
이는 모든 입을 막고 온 세상으로
하나님의 심판 아래 있게 하려 함이니라
그러므로 율법의 행위로
그의 앞에 의롭다 하심을 얻을 육체가 없나니
율법으로는 죄를 깨달음이니라
이제는 율법 외에 하나님의 한 의가 나타났으니
율법과 선지자들에게 증거를 받은 것이라
곧 예수 그리스도를 믿음으로 말미암아
모든 믿는 자에게 미치는 하나님의 의니 차별이 없느니라
모든 사람이 죄를 범하였으매 하나님의 영광에 이르지 못하더니
그리스도 예수 안에 있는 구속으로 말미암아
하나님의 은혜로 값없이 의롭다 하심을 얻은 자 되었느니라

골로새서 2:20

너희가 세상의 초등 학문에서 그리스도와 함께 죽었거든
어찌하여 세상에 사는 것과 같이 의문에 순종하느냐

로마서 10:4

그리스도는 모든 믿는 자에게 의를 이루기 위하여
율법의 마침이 되시니라

로마서 7:1~6

형제들아 내가 법 아는 자들에게 말하노니
너희는 율법이 사람의 살 동안만 그를 주관하는 줄 알지 못하느냐
남편 있는 여인이 그 남편 생전에는 법으로 그에게 매인 바 되나
만일 그 남편이 죽으면 남편의 법에서 벗어났느니라
그러므로 만일 그 남편 생전에 다른 남자에게 가면
음부라 이르되 남편이 죽으면 그 법에서 자유케 되나니
다른 남자에게 갈찌라도 음부가 되지 아니하느니라
그러므로 내 형제들아 너희도 그리스도의 몸으로 말미암아
율법에 대하여 죽임을 당하였으니
이는 다른 이 곧 죽은 자 가운데서 살아나신 이에게 가서
우리로 하나님을 위하여 열매를 맺히게 하려 함이니라
우리가 육신에 있을 때에는 율법으로 말미암는 죄의 정욕이
우리 지체 중에 역사하여
우리로 사망을 위하여 열매를 맺게 하였더니
이제는 우리가 얽매였던 것에 대하여 죽었으므로

율법에서 벗어났으니
이러므로 우리가 영의 새로운 것으로 섬길 것이요
의문의 묵은 것으로 아니할찌니라

에베소서 2:15

법조문으로 된 계명의 율법을 폐하셨으니 이는
이 둘로 자기 안에서 한 새 사람을 지어 화평하게 하시고

히브리서 9:22

율법을 좇아 거의 모든 물건이 피로써 정결케 되나니
피흘림이 없은 즉 사함이 없느니라

히브리서 10:9,10

그 후에 말씀하시기를 보시옵소서
내가 하나님의 뜻을 행하러 왔나이다 하셨으니
그 첫 것을 폐하심은 둘째 것을 세우려 하심이니라
이 뜻을 좇아 예수 그리스도의 몸을 단번에 드리심으로 말미암아
우리가 거룩함을 얻었노라

로마서 8:3

율법이 육신으로 말미암아
연약하여 할 수 없는 그것을 하나님은 하시나니 곧 죄를 인하여
자기 아들을 죄 있는 육신의 모양으로 보내어 육신에 죄를 정하사

3. '둘째 언약. 새 언약'

둘째 언약(새 언약)은 믿음의 법이고, 은혜의 법인데 하나님께서 사람이 되어 오신 예수 그리스도가 전 인류의 죄를 육체로 십자가에서 못 박혀 죽음으로써 첫 번째 율법 저주의 법을 완전하게 성취하시고 이루심으로써 생명의 성령의 법, 즉 예수 그리스도의 법으로 완성된다.

새 언약, 생명의 성령의 법, 예수 그리스도의 법은 아브라함과 이삭과 야곱과 선지자들에게 하나님께서 맹세로 약속하신 것이고 원시복음인데, 예수 그리스도의 성육신과 십자가 죽음과 장사와 부활과 성령의 내주하심(거듭남,할례)을 통하여 완성하셨다.

둘째 언약은 은혜의 법이고, 새 언약이고, 믿음의 법이고, 생명의 성령의 법이고, 완전한 예수 그리스도 법이다.

하나님과 관계가 단절된 옛 자아가 예수 십자가에서 함께 죽고 예수님 부활에 연합되어서 성령의 생명(호흡)이 공급되어서 정상적인 하나님의 아들들로 살아갈 수 있는 것이다. 성령의 믿음으로 거듭남(할례)이 새 사람이고 새 피조물이다.

그리스도 영 안에서만 하나님과의 관계가 정상적으로 될 수가 있다. 예수 그리스도를 떠나서는 사람은 정상적인 기능을 전혀 할 수가 없다. 성경 말씀에는 하나님이 없는 인간 모습을 전적인 타락이라고 한다.

신랑을 아는 자는 오직 신부뿐이며 신랑과 신부는 둘이 아닌 하나이다. 신랑 예수님과 신부(성전,몸) 교회/성도는 모든 상황에서 항상 한 몸이다.

신랑인 예수 그리스도를 아는 것은 오직 신부인 교회뿐이다. 예수 그리스도는 머리이고, 교회(성도)는 예수 그리스도의 몸이다. 정상적인 머리와 몸은 언제나 마음과 생각이 일치하여야 한다.

고린도후서 5:17

그런즉 누구든지 그리스도 안에 있으면 새로운 피조물이라
이전 것은 지나갔으니 보라 새 것이 되었도다

예레미야 31:31~34

나 여호와가 말하노라 보라 날이 이르리니
내가 이스라엘 집과 유다 집에 새 언약을 세우리라
나 여호와가 말하노라 이 언약은 내가 그들의 열조의 손을 잡고
애굽 땅에서 인도하여 내던 날에 세운 것과 같지 아니할 것은
내가 그들의 남편이 되었어도 그들이 내 언약을 파하였음이니라
나 여호와가 말하노라 그러나 그 날 후에
내가 이스라엘 집에 세울 언약은 이러하니
곧 내가 나의 법을 그들의 속에 두며 그 마음에 기록하여
나는 그들의 하나님이 되고 그들은 내 백성이 될 것이라
그들이 다시는 각기 이웃과 형제를 가리켜 이르기를
너는 여호와를 알라 하지 아니하리니
이는 작은 자로부터 큰 자까지 다 나를 앎이니라

내가 그들의 죄악을 사하고
다시는 그 죄를 기억지 아니하리라
여호와의 말이니라

요한복음 3:14~16

모세가 광야에서 뱀을 든 것같이 인자도 들려야 하리니
이는 저를 믿는 자마다 영생을 얻게 하려 하심이니라
하나님이 세상을 이처럼 사랑하사 독생자를 주셨으니 이는
저를 믿는 자마다 멸망치 않고 영생을 얻게 하려 하심이니라

신명기 29:13

여호와께서 이왕에 네게 말씀하신 대로
또 네 열조 아브라함과 이삭과 야곱에게 맹세하신 대로
오늘날 너를 세워 자기 백성을 삼으시고
자기는 친히 네 하나님이 되시려 함이니라

신명기 30:6

네 하나님 여호와께서
네 마음과 네 자손의 마음에 할례를 베푸사
너로 마음을 다하며 성품을 다하여
네 하나님 여호와를 사랑하게 하사
너로 생명을 얻게 하실 것이며

골로새서 2:11

또 그 안에서 너희가 손으로 하지 아니한 할례를 받았으니
곧 육적 몸을 벗는 것이요 그리스도의 할례니라

신명기 30:11~14

내가 오늘날 네게 명한 이 명령은 네게 어려운 것도 아니요
먼 것도 아니라 하늘에 있는 것이 아니니
네가 이르기를 누가 우리를 위하여 하늘에 올라가서
그 명령을 우리에게로 가지고 와서
우리에게 들려 행하게 할꼬 할 것이 아니요
이것이 바다 밖에 있는 것이 아니니 네가 이르기를
누가 우리를 위하여 바다를 건너가서

그 명령을 우리에게로 가지고 와서
우리에게 들려 행하게 할꼬 할 것도 아니라
오직 그 말씀이 네게 심히 가까워서 네 입에 있으며
네 마음에 있은 즉 네가 이를 행할 수 있느니라

마태복음 4:4

예수께서 대답하여 가라사대 기록되었으되
사람이 떡으로만 살 것이 아니요
하나님의 입으로 나오는
모든 말씀으로 살 것이라 하였느니라 하시니

갈라디아서 3:8,9

또 하나님이 이방을 믿음으로 말미암아
의로 정하실 것을 성경이 미리 알고
먼저 아브라함에게 복음을 전하되
모든 이방이 너를 인하여 복을 받으리라 하였으니
그러므로 믿음으로 말미암은 자는
믿음이 있는 아브라함과 함께 복을 받느니라

히브리서 10:9,10

그 후에 말씀하시기를 보시옵소서
내가 하나님의 뜻을 행하러 왔나이다 하셨으니
그 첫 것을 폐하심은 둘째 것을 세우려 하심이니라
이 뜻을 좇아 예수 그리스도의 몸을 단번에 드리심으로 말미암아
우리가 거룩함을 얻었노라

베드로전서 1:3

찬송하리로다 우리 주 예수 그리스도의 아버지 하나님이
그 많으신 긍휼대로 예수 그리스도의 죽은 자 가운데서
부활하심으로 말미암아 우리를 거듭나게 하사 산 소망이 있게 하시며

요한복음 15:5

나는 포도나무요 너희는 가지니
저가 내 안에 내가 저 안에 있으면 이 사람은 과실을 많이 맺나니
나를 떠나서는 너희가 아무 것도 할 수 없음이라

요한복음 14:6

예수께서 가라사대 내가 곧 길이요 진리요 생명이니
나로 말미암지 않고는 아버지께로 올 자가 없느니라

요한복음 14:26

보혜사 곧 아버지께서 내 이름으로 보내실
성령 그가 너희에게 모든 것을 가르치시고
내가 너희에게 말한 모든 것을 생각나게 하시리라

요한복음 10:9

내가 문이니 누구든지 나로 말미암아 들어가면 구원을 얻고
또는 들어가며 나오며 꼴을 얻으리라

고린도후서 3:17,18

주는 영이시니 주의 영이 계신 곳에는 자유함이 있느니라
우리가 다 수건을 벗은 얼굴로 거울을 보는 것 같이
주의 영광을 보매 저와 같은 형상으로 화하여 영광으로
영광에 이르니 곧 주의 영으로 말미암음이니라

로마서 8:2~4

이는 그리스도 예수 안에 있는 생명의 성령의 법이
죄와 사망의 법에서 너를 해방하였음이라
율법이 육신으로 말미암아
연약하여 할 수 없는 그것을 하나님은 하시나니
곧 죄로 말미암아 자기 아들을 죄 있는 육신의 모양으로 보내어
육신에 죄를 정하사 육신을 따르지 않고
그 영을 따라 행하는 우리에게
율법의 요구가 이루어지게 하려 하심이라

로마서 10:1~10

형제들아 내 마음에 원하는 바와 하나님께 구하는 바는
이스라엘을 위함이니 곧 저희로 구원을 얻게 함이라 내가 증거하노니
저희가 하나님께 열심이 있으나 지식을 좇은 것이 아니라
하나님의 의를 모르고 자기 의를 세우려고 힘써
하나님의 의를 복종치 아니하였느니라
그리스도는 모든 믿는 자에게 의를 이루기 위하여
율법의 마침이 되시니라 모세가 기록하되
율법으로 말미암는 의를 행하는 사람은 그 의로 살리라 하였거니와
믿음으로 말미암는 의는 이같이 말하되
네 마음에 누가 하늘에 올라가겠느냐 하지 말라 하니

올라가겠느냐 함은 그리스도를 모셔 내리려는 것이요
혹 누가 음부에 내려가겠느냐 하지 말라 하니
내려가겠느냐 함은 그리스도를 죽은 자 가운데서
모셔 올리려는 것이라
그러면 무엇을 말하느뇨 말씀이 네게 가까와 네 입에 있으며
네 마음에 있다 하였으니 곧 우리가 전파하는 믿음의 말씀이라
네가 만일 네 입으로 예수를 주로 시인하며 또 하나님께서
그를 죽은 자 가운데서 살리신 것을
네 마음에 믿으면 구원을 얻으리니
사람이 마음으로 믿어 의에 이르고
입으로 시인하여 구원에 이르느니라

갈라디아서 3:22

그러나 성경이 모든 것을 죄 아래에 가두었으니 이는
예수 그리스도를 믿음으로 말미암는
약속을 믿는 자들에게 주려 함이라

갈라디아서 3:27

누구든지 그리스도와 합하여 세례를 받은 자는
예수 그리스도로 옷입었느니라

고린도전서 9:21

율법 없는 자에게는 내가 하나님께는 율법 없는 자가 아니요
도리어 그리스도의 율법 아래에 있는 자이나 율법 없는
자와 같이 된 것은 율법 없는 자들을 얻고자 함이라

갈라디아서 6:2

너희가 짐을 서로 지라 그리하여 그리스도의 법을 성취하라

로마서 3:27

그런즉 자랑할 데가 어디냐 있을 수가 없느니라
무슨 법으로냐 행위로냐 아니라 오직 믿음의 법으로니라

로마서 4:13

아브라함이나 그 후손에게 세상의 상속자가 되리라고 하신 언약은
율법으로 말미암은 것이 아니요 오직 믿음의 의로 말미암은 것이니라

로마서 4:18~22

아브라함이 바랄 수 없는 중에 바라고 믿었으니
이는 네 후손이 이 같으리라 하신 말씀대로
많은 민족의 조상이 되게 하려 하심을 인함이라
그가 백 세나 되어 자기 몸의 죽은 것 같음과
사라의 태의 죽은 것 같음을 알고도
믿음이 약하여지지 아니하고 믿음이 없어
하나님의 약속을 의심치 않고 믿음에 견고하여져서
하나님께 영광을 돌리며 약속하신 그것을
또한 능히 이루실 줄을 확신하였으니
그러므로 이것을 저에게 의로 여기셨느니라

히브리서 7:28

율법은 약점을 가진 사람들을 제사장으로 세웠거니와
율법 후에 하신 맹세의 말씀은
영원히 온전케 되신 아들을 세우셨느니라

히브리서 8:6~10

그러나 이제 그가 더 아름다운 직분을 얻으셨으니
이는 더 좋은 약속으로 세우신 더 좋은 언약의 중보시라
저 첫 언약이 무흠하였더면 둘째 것을 요구할 일이 없었으려니와
저희를 허물하여 일렀으되 주께서 가라사대 볼찌어다 날이 이르리니
내가 이스라엘 집과 유다 집으로 새 언약을 세우리라
또 주께서 가라사대 내가 저희 열조들의 손을 잡고
애굽 땅에서 인도하여 내던 날에
저희와 세운 언약과 같지 아니하도다
저희는 내 언약 안에 머물러 있지 아니하므로
내가 저희를 돌아보지 아니하였노라
또 주께서 가라사대 그 날 후에
내가 이스라엘 집으로 세울 언약이 이것이니
내 법을 저희 생각에 두고 저희 마음에 이것을 기록하리라
나는 저희에게 하나님이 되고 저희는 내게 백성이 되리라

히브리서 9:15

이를 인하여 그는 새 언약의 중보니
이는 첫 언약 때에 범한 죄를 속하려고 죽으사
부르심을 입은 자로 하여금
영원한 기업의 약속을 얻게 하려 하심이니라

예수님의 십자가에 연합하여 죽어서 장사되고 예수님의 부활에 연합하여 성령의 믿음으로 영이 부활한 하나님 아들들은 언제나 천국을 사는 것이다. 예수 그리스도 안에서 둘째 언약, 새 언약을 살아가는 하나님의 아들들인 교회 성도들은 모든 시간 모든 상황에서 항상 예수님의 믿음으로 천국을 누리면서 살고, 세상과 죄와 율법과 사망과 마귀를 넉넉히 이기는 천국 하나님 나라를 살아가게 된다.

이것이 지극히 정상적이고 성경적인 믿음이고 복음 신앙의 핵심이다.

시편 82:6

내가 말하기를 너희는 신들이며 다 지존자의 아들들이라 하였으나

요한복음 10:34

예수께서 가라사대 너희 율법에 기록한 바
내가 너희를 신이라 하였노라 하지 아니하였느냐

요한복음 10:35

성경은 폐하지 못하나니

하나님의 말씀을 받은 사람들을 신이라 하셨거든

고린도전서 15:45~49

기록된 바 첫 사람 아담은 생령이 되었다 함과 같이

마지막 아담은 살려 주는 영이 되었나니

그러나 먼저는 신령한 사람이 아니요 육의 사람이요

그 다음에 신령한 사람이니라

첫 사람은 땅에서 났으니 흙에 속한 자이거니와

둘째 사람은 하늘에서 나셨느니라

무릇 흙에 속한 자들은 저 흙에 속한 자와 같고

무릇 하늘에 속한 자들은 저 하늘에 속한 이와 같으니

우리가 흙에 속한 자의 형상을 입은 것 같이

또한 하늘에 속한 이의 형상을 입으리라

로마서 15:29

내가 너희에게 나아갈 때에
그리스도의 충만한 복을 가지고 갈 줄을 아노라

에베소서 2:15

원수 된 것 곧 의문에 속한 계명의 율법을 자기 육체로 폐하셨으니
이는 이 둘로 자기의 안에서 한 새 사람을 지어 화평하게 하시고

히브리서 10:20

그 길은 우리를 위하여 휘장 가운데로 열어 놓으신
새롭고 산 길이요 휘장은 곧 저의 육체니라

히브리서 9:14~15

하물며 영원하신 성령으로 말미암아
흠 없는 자기를 하나님께 드린 그리스도의 피가
어찌 너희 양심을 죽은 행실에서 깨끗하게 하고
살아 계신 하나님을 섬기게 하지 못하겠느냐

이로 말미암아 그는 새 언약의 중보자시니

이는 첫 언약 때에 범한 죄에서 속량하려고 죽으사

부르심을 입은 자로 하여금

영원한 기업의 약속을 얻게 하려 하심이라

히브리서 10:9

그 후에 말씀하시기를 보시옵소서

내가 하나님의 뜻을 행하러 왔나이다 하셨으니

그 첫째 것을 폐하심은 둘째 것을 세우려 하심이라

예레미야 31:31~34

여호와의 말씀이니라 보라 날이 이르리니

내가 이스라엘 집과 유다 집에 새 언약을 맺으리라

이 언약은 내가 그들의 조상들의 손을 잡고

애굽 땅에서 인도하여 내던 날에

맺은 것(첫언약)과 같지 아니할 것은

내가 그들의 남편이 되었어도

그들이 내 언약(첫언약)을 깨뜨렸음이라

여호와의 말씀이니라

그러나 그 날 후에 내가 이스라엘 집과 맺을 언약은 이러하니

곧 내가 나의 법을 그들의 속에 두며 그들의 마음에 기록하여
나는 그들의 하나님이 되고 그들은 내 백성이 될 것이라
여호와의 말씀이니라
그들이 다시는 각기 이웃과 형제를 가리켜 이르기를
너는 여호와를 알라 하지 아니하리니
이는 작은 자로부터 큰 자까지 다 나를 알기 때문이라
내가 그들의 악행을 사하고 다시는 그 죄를 기억하지 아니하리라
여호와의 말씀이니라

에스겔 36:26~27

또 새 영을 너희 속에 두고 새 마음을 너희에게 주되
너희 육신에서 굳은 마음을 제거하고 부드러운 마음을 줄 것이며
또 내 영을 너희 속에 두어 너희로 내 율례를 행하게 하리니
너희가 내 규례를 행할지라

고린도후서 3:6

그가 또한 우리를 새 언약의 일꾼 되기에 만족하게 하셨으니
율법 조문으로 하지 아니하고 오직 영으로 함이니
율법 조문은 죽이는 것이요 영은 살리는 것이니라

로마서 10:9~10

네가 만일 네 입으로 예수를 주로 시인하며
또 하나님께서 그를 죽은 자 가운데서 살리신 것을
네 마음에 믿으면 구원을 받으리라
사람이 마음으로 믿어 의에 이르고
입으로 시인하여 구원에 이르느니라

에배소서 2:4~6

긍휼이 풍성하신 하나님이 우리를 사랑하신 그 큰 사랑을 인하여
허물로 죽은 우리를 그리스도와 함께 살리셨고
(너희는 은혜로 구원을 받은 것이라)
또 함께 일으키사 그리스도 예수 안에서 함께 하늘에 앉히시니

하나님이 아담(사람)을 창조하신 목적은 아담(사람)을 하나님 영이 거하는 성전으로 삼아서 하나님의 영원한 안식으로 완전한 천국을 사는 것이다.

타락한 천사인 사탄 무리들이 아담의 선악과 불순종으로 성전을 훼파시켰지만 예수 그리스도의 십자가 죽음과 부활을 통하

여 모든 믿는 자들을 거듭나게 하셔서 예수 그리스도 영으로 하나가 되는 하나님 아들들이 되게 하신다.

하나님께서 천지만물을 창조하신후 천국완성의 시간들은 하나님 성전인 새 예루살렘성을 완성하여 짓는 과정이고, 그것은 곧 완전하고 영원한 천국의 안식이다.

하나님 성령의 믿음으로 거듭난 성도의 육체는
하나님 아들 예수의 영이 거하는 집이고 성전이다.
하나님 집이 아니라면 하나님이 그 안에 거할 수 없다.
머리가 되시는 예수님께서 교회(몸/성전)를 완성하는 것이다.

믿음으로 거듭나지 않은 모든 사람들은 원죄와 자범죄로 인하여 죄의 주인인 사탄 귀신이 합법적으로 사람들의 육체를 점유하고 있다. 불택자 불신자의 몸은 사탄 마귀의 죄육신(사탄의 육신)인 것이다.

하나님 성전이 아닌 모든 사람들은 자신의 뜻과 상관없이 매순간 사탄 마귀가 주는 시험과 고통 속에서 일생동안 마귀의 종으로 산다. 사탄 마귀들은 하나님께서 허락한 범위 안에서 세상과 죄를 주관하고 있다. 하나님께서는 죄로 인한 고통들 중에서 모든 인생들을 천국영생으로 부르신다.

성령님의 역사로 인하여 예수 그리스도를 구주로 믿는 하나님 자녀인 성도들의 몸을 하나님 성전으로 삼아서 예수님의 영이 임재하신다.

성육신 사람으로 오신 하나님이 예수 그리스도이시며, 예수 그리스도는 한 알의 밀알이 되어서 대속의 죽으심으로써 모든 믿는 사람들의 죄와 사망의 속죄를 완전하게 해결하셨으며, 부활의 첫 열매로 부활하셔서 보혜사 성령으로 오심으로써 모든 믿는 사람들을 하나님의 아들들로 거듭나게 하시고, 부활의 영으로 내주하심으로써 그리스도의 성전들이 되게 하시고, 하나님의 몸으로 지상교회와 천상교회를 완성하심으로써 새 예루살렘을 건축하여 영원한 천국을 완성하신다.

마가복음 14:58

우리가 그의 말을 들으니 손으로 지은 이 성전을 내가 헐고 손으로 짓지 아니한 다른 성전을 사흘에 지으리라 하더라 하되

요한복음 2:19

예수께서 대답하여 가라사대 너희가 이 성전을 헐라 내가 사흘 동안에 일으키리라

누가복음 16:16

율법과 선지자는 요한의 때까지요
그 후부터는 하나님 나라의 복음이 전파되어
사람마다 그리로 침입하느니라

마태복음 16:28

진실로 너희에게 이르노니 여기 섰는 사람 중에 죽기 전에
인자가 그 왕권을 가지고 오는 것을 볼 자들도 있느니라

누가복음 9:27

내가 참으로 너희에게 이르노니 여기 섰는 사람 중에
죽기 전에 하나님의 나라를 볼 자들도 있느니라

에베소서 2:21~22

그의 안에서 건물마다 서로 연결하여 주 안에서 성전이 되어 가고
너희도 성령 안에서 하나님의 거하실 처소가 되기 위하여
예수 안에서 함께 지어져 가느니라

에베소서 3:17~19

믿음으로 말미암아 그리스도께서 너희 마음에 계시게 하옵시고
너희가 사랑 가운데서 뿌리가 박히고 터가 굳어져서
능히 모든 성도와 함께 지식에 넘치는 그리스도의 사랑을 알아
그 넓이와 길이와 높이와 깊이가 어떠함을 깨달아
하나님의 모든 충만하신 것으로
너희에게 충만하게 하시기를 구하노라

에베소서 5:23

이는 남편이 아내의 머리됨이 그리스도께서
교회의 머리됨과 같음이니 그가 친히 몸의 구주시니라

고린도전서 3:16

너희가 하나님의 성전인 것과
하나님의 성령이 너희 안에 거하시는 것을 알지 못하느뇨

고린도전서 6:19

너희 몸은 너희가 하나님께로부터 받은 바
너희 가운데 계신 성령의 전인 줄을 알지 못하느냐
너희는 너희의 것이 아니라

요한계시록 3:12

이기는 자는 내 하나님 성전에 기둥이 되게 하리니
그가 결코 다시 나가지 아니하리라
내가 하나님의 이름과 하나님의 성
곧 하늘에서 내 하나님께로부터 내려오는
새 예루살렘의 이름과 나의 새 이름을 그이 위에 기록하리라

요한계시록 21:2

또 내가 보매 거룩한 성 새 예루살렘이
하나님께로부터 하늘에서 내려오니
그 예비한 것이 신부가 남편을 위하여 단장한 것 같더라

요한계시록 21:22

성안에 성전을 내가 보지 못하였으니
이는 주 하나님 곧 전능하신 이와 및 어린 양이 그 성전이심이라

　하나님께서 우리를 거듭나게(할례) 하셔서 성전으로 살게 하신 것은 성도를 통하여 하나님 얼굴을 등경 위에 등불로서 나타내기 위함이고, 성도 안에 내주하셔서 제7일의 완전한 하나님 안식을 위함이고, 결과적으로 성도들은 예수님 안에서 항상 안식한다. 하나님 자녀들이 세상에서 생명의 성령의 법으로 사는 삶은 항상 하나님 영광이고 하나님 얼굴이다.

　완전한 복음의 삶은 새 언약의 중보자로 오신 예수님을 성령의 믿음으로 믿을 때에, 둘째 언약을 이루신 예수 그리스도께서 오순절 이후에 부활의 보혜사 영으로 믿는 성도들의 몸을 성전 삼아서 몸으로 들어와 내주하시고, 모든 환경에서 항상 거듭난 성도들의 영혼에 하나님 생명을 공급하시고 영의 믿음으로 하나님 나라를 살게 하신다.

로마서 2:28,29

대저 표면적 유대인이 유대인이 아니요
표면적 육신의 할례가 할례가 아니라
오직 이면적 유대인이 유대인이며 할례는 마음에 할찌니
신령에 있고 의문에 있지 아니한 것이라
그 칭찬이 사람에게서가 아니요 다만 하나님에게서니라

마태복음 5:13~15

너희는 세상의 소금이니 소금이
만일 그 맛을 잃으면 무엇으로 짜게 하리요
후에는 아무 쓸데 없어 다만 밖에 버리워 사람에게 밟힐 뿐이니라
너희는 세상의 빛이라 산 위에 있는 동네가 숨기우지 못할 것이요
사람이 등불을 켜서 말 아래 두지 아니하고 등경 위에 두나니
이러므로 집안 모든 사람에게 비취느니라

창세기 2:1~3

천지와 만물이 다 이루니라
하나님의 지으시던 일이 일곱째 날이 이를 때에 마치니
그 지으시던 일이 다하므로 일곱째 날에 안식하시니라
하나님이 일곱째 날을 복 주사 거룩하게 하셨으니
이는 하나님이 그 창조하시며 만드시던
모든 일을 마치시고 이 날에 안식하셨음이더라

십자가의 신비

　원죄와 자범죄로 인하여 하나님으로부터 영이 죽어 있고 육신(혼,육)은 사탄의 종이 되어서 고통하는 세상의 우리 인생들의 영혼을 살리기 위하여, 죄가 전혀 없는 하나님 독생자 예수 그리스도께서 우리와 동일한 사람의 몸을 입고 이 땅에 오셔서 십자가에서 대신 죽임을 당하심으로써 온 인류의 모든 죄들을 대속하시고 영원하고 완전한 하나님의 나라를 회복하셨고 완성하셨다.

　그리스도 안에 있는 성도들은 예수 그리스도와 함께 십자가에서 죽었다. 죄에 대하여는 예수님과 함께 죽어서 장사되고, 그리스도 부활에 연합하여서 성령으로 거듭남을 통하여 의에 대해서 다시 산 자가 되었다.

　예수가 아담(사람)으로 오셨고, 아담(사람)의 죄값을 대속하기 위하여 십자가에서 죽었고, 장사되었고, 그리스도의 영으로 부활하셨다.

　예수 그리스도의 십자가 죽음에 연합하여 죽고, 성령의 믿음으로 거듭난 성도는 죄와 사망의 법인 율법의 정죄와 속죄를 완성한 것이고, 예수 십자가 죽음과 부활에 연합하여 죄와 사망의 법인 율법에 대한 속죄가 완성된 것이기에, 하나님 앞에서 법적으로는 더 이상 죄와 사망의 법인 율법의 정죄에서 완전하게 벗어났고, 천국의 자유를 누리면서 산다.

성령의 믿음으로 거듭난 성도는 율법 정죄의 댓가로 인하여 예수 그리스도 십자가 안에서 함께 죽고, 함께 장사되고, 오순절 이후 성령의 능력으로 거듭남을 통하여 재창조되었다. 전인적으로 완전한 새사람이 되었고 새피조물이 되었다. 옛 자아(sinful nature)는 십자가에서 예수님과 함께 죽었고, 새 피조물이 되었기에 오직 성령의 믿음안에서 새 자아로 산다.

요한복음 12:24

내가 진실로 진실로 너희에게 이르노니
한 알의 밀이 땅에 떨어져 죽지 아니하면 한 알 그대로 있고
죽으면 많은 열매를 맺느니라

이사야 53:3~11

그는 멸시를 받아서 사람에게 싫어 버린 바 되었으며
간고를 많이 겪었으며 질고를 아는 자라
마치 사람들에게 얼굴을 가리우고 보지 않음을 받는 자 같아서
멸시를 당하였고 우리도 그를 귀히 여기지 아니하였도다

그는 실로 우리의 질고를 지고 우리의 슬픔을 당하였거늘
우리는 생각하기를 그는 징벌을 받아서
하나님에게 맞으며 고난을 당한다 하였노라
그가 찔림은 우리의 허물을 인함이요
그가 상함은 우리의 죄악을 인함이라
그가 징계를 받음으로 우리가 평화를 누리고
그가 채찍에 맞음으로 우리가 나음을 입었도다
우리는 다 양 같아서 그릇 행하여 각기 제 길로 갔거늘
여호와께서는 우리 무리의 죄악을 그에게 담당시키셨도다
그가 곤욕을 당하여 괴로울 때에도 그 입을 열지 아니하였음이여
마치 도수장으로 끌려가는 어린 양과
털 깎는 자 앞에 잠잠한 양 같이 그 입을 열지 아니하였도다
그가 곤욕과 심문을 당하고 끌려 갔으니
그 세대 중에 누가 생각하기를
그가 산 자의 땅에서 끊어짐은 마땅히 형벌 받을
내 백성의 허물을 인함이라 하였으리요
그는 강포를 행치 아니하였고 그 입에 궤사가 없었으나
그 무덤이 악인과 함께 되었으며 그 묘실이 부자와 함께 되었도다
여호와께서 그로 상함을 받게 하시기를 원하사 질고를 당케 하셨은즉
그 영혼을 속건 제물로 드리기에 이르면 그가 그 씨를 보게 되며
그 날은 길 것이요 또 그의 손으로 여호와의 뜻을 성취하리로다
가라사대 그가 자기 영혼의 수고한 것을 보고 만족히 여길 것이라
나의 의로운 종이 자기 지식으로 많은 사람을 의롭게 하며
또 그들의 죄악을 친히 담당하리라

요한복음 19:30

예수께서 신 포도주를 받으신 후 가라사대 다 이루었다
하시고 머리를 숙이시고 영혼이 돌아가시니라

로마서 5:9

그러면 이제 우리가 그 피를 인하여 의롭다 하심을 얻었은즉
더욱 그로 말미암아 진노하심에서 구원을 얻을 것이니

로마서 5:18

그런즉 한 범죄로 많은 사람이 정죄에 이른 것 같이 의의 한 행동으로
말미암아 많은 사람이 의롭다 하심을 받아 생명에 이르렀느니라

요한1서 1:9

만일 우리가 우리 죄를 자백하면 저는 미쁘시고 의로우사
우리 죄를 사하시며 모든 불의에서 우리를 깨끗케 하실 것이요

골로새서 2:13

또 너희의 범죄와 육체의 무할례로 죽었던 너희를
하나님이 그와 함께 살리시고 우리에게 모든 죄를 사하시고

베드로전서 2:24

친히 나무에 달려 그 몸으로 우리 죄를 담당하셨으니
이는 우리로 죄에 대하여 죽고 의에 대하여 살게 하려 하심이라
저가 채찍에 맞음으로 너희는 나음을 얻었나니

베드로전서 3:18

그리스도께서도 한번 죄를 위하여 죽으사
의인으로서 불의한 자를 대신하셨으니
이는 우리를 하나님 앞으로 인도하려 하심이라
육체로는 죽임을 당하시고 영으로는 살리심을 받으셨으니

베드로전서 4:6

이를 위하여 죽은 자들에게도 복음이 전파되었으니
이는 육체로는 사람처럼 심판을 받으나
영으로는 하나님처럼 살게 하려 함이니라

골로새서 2:12

너희가 침례로 그리스도와 함께 장사한 바 되고
또 죽은 자들 가운데서 그를 일으키신
하나님의 역사를 믿음으로 말미암아
그 안에서 함께 일으키심을 받았느니라

골로새서 3:3

이는 너희가 죽었고 너희 생명이
그리스도와 함께 하나님 안에 감취었음이니라

회개와 죄사함과 거듭남과 믿음

　세상 중심적인 옛 자아의 삶을 회개하고, 하나님 중심으로 돌아서면, 하나님께서는 예수님의 십자가 능력을 통하여 회개하는 각 사람의 과거와 현재와 미래의 모든 죄들을 속죄하시며, 천국 백성과 하나님 아들과 예수님의 신부로 거듭나게 하셔서 천국을 살게 하신다.

　하나님께서는 아담의 선악과 불순종의 죄로 인하여 모든 인류가 뱀(사탄)에게 물린 사탄의 종, 죄육신이 되었지만, 예수님이 직접 십자가 나무에 달린 놋뱀이 되셔서 이제 누구든지 놋뱀이신 예수님을 쳐다보면 즉시로 예수님 십자가 공로와 능력으로 인하여 구원받을 수 있게 하셨다. 죄의 삶을 회개하고 하나님께로 돌아서면 죄사함과 구원을 얻게 된다.

사도행전 3:19

그러므로 너희가 회개하고 돌이켜 너희 죄 없이 함을 받으라
이같이 하면 새롭게 되는 날이 주 앞으로부터 이를 것이요

Acts 3:19

Repent therefore, and turn again,
that your sins may be blotted out,
so that there may come times of refreshing
from the presence of the Lord,

민수기 21:9

모세가 놋뱀을 만들어 장대 위에 다니
뱀에게 물린 자마다 놋뱀을 쳐다본즉 살더라

하나님의 절대의에 의해서만 선과 악이 구분되고 의와 죄가 확정된다. 선과 악을 재판하고 판결하실 수 있는 분은 오직 한 분 하나님뿐이시다.

하나님의 믿음을 신앙이라고 하고 사람의 믿음을 종교라고 한다. 예수 그리스도 안에서 나오는 영의 믿음은 성령님의 믿음이다. 새 사람으로 거듭난 성도의 영은 예수 그리스도의 영과 일치한다. 옛자아인 육신으로 믿는 믿음은 사람의 가짜믿음이고 종교이다.

모든 인생들은 의로우신 하나님 앞에서 불의, 의 아님, 죄로 드러나서 죽임을 당하고, 하나님 성령에 의해서 영이 부활하여 의가 되어야 한다. 하나님으로 인하여 의롭게 되는 것이 성경적 믿음의 구원(복음)이다.

성도는 하나님이 낳으신 자녀이고, 성령의 믿음으로 거듭난 자이다.

하나님께로서 난 자, 성령으로 난 자는 성경 한 구절도 몰랐어도 하나님을 알고, 예수님도 알고, 성경 전부를 아는 자가 된다. 이것이 하나님 생명의 세계이고 영의 세계이다.

모든 신앙과 믿음의 세계는 하나님 계획이고, 하나님 행하심이고, 하나님의 능력이고, 하나님의 역사이다.

하나님이 낳아서 성령으로 영이 거듭난 성도들이 하나님의 공급하시는 힘과 능력으로 생활하는 삶이 예배이고 신앙생활이다. 하나님과의 관계가 단절된 자들의 삶과 예배들은 영혼이 죽은 삶이고, 인본주의 종교생활이다.

믿음과 신앙생활은 육신으로부터 나오는 나의 혼, 옛 자아로 믿고 사는 것이 아니라, 나를 거듭나게 하시고 임재하신 예수 그리스도 영으로 인하여 거듭난 내 영에서부터 나오는 새 자아인 거듭난 영혼이 예수 그리스도 영의 믿음으로 항상 사는 것이다.

죄사함과 거듭남이란?

죄로 인하여 하나님에게서 분리가 되어서 죽었던 아담(사람)이 하나님 임재의 회개와 영의 부활로 인하여 하나님과 연합함이다. 분리가 되었던 나, 육체가 된 내가 죽고, 하나님 생명을 다시 얻음이고, 예수님에게로 접붙여짐이고, 하나님 영으로 하나 됨이다.

하나님과 하나가 되어서 화목되고 일치된 상태가 샬롬이고 안식이다. 누구든지 하나님과 분리되어서 갈라지면 불안이고 불행이고 허무이다. 세상 사람들이 불안을 벗어나기 위해서 다양하게 수고하지만 헛되다. 진정한 평안와 안식은 하나님과 일치됨으로만 오는 것이다. 회개는 성령 임재로 하나님을 향하여 돌아서는 것이다. 육체가 매순간 공기를 호흡해야만 살 수가 있듯이, 사람의 영혼은 매순간 성령(호흡,숨)으로만 살 수 있다.

누가복음 5:32

내가 의인을 부르러 온 것이 아니요 죄인을 불러 회개시키러 왔노라

로마서 3:28

그러므로 사람이 의롭다 하심을 얻는 것은
율법의 행위에 있지 않고 믿음으로 되는 줄 우리가 인정하노라

고린도전서 6:11

너희 중에 이와 같은 자들이 있더니 주 예수 그리스도의 이름과
우리 하나님의 성령 안에서
씻음과 거룩함과 의롭다 하심을 얻었느니라

마가복음 14:58

우리가 그의 말을 들으니 손으로 지은 이 성전을 내가 헐고
손으로 짓지 아니한 다른 성전을 사흘에 지으리라 하더라 하되

갈라디아서 3:22

그러나 성경이 모든 것을 죄 아래 가두었으니
이는 예수 그리스도를 믿음으로 말미암은
약속을 믿는 자들에게 주려 함이니라

골로새서 2:11~13

또 그 안에서 너희가 손으로 하지 아니한 할례를 받았으니
곧 육의 몸을 벗는 것이요 그리스도의 할례니라
너희가 세례로 그리스도와 함께 장사되고
또 죽은 자들 가운데서 그를 일으키신
하나님의 역사를 믿음으로 말미암아
그 안에서 함께 일으키심을 받았느니라
또 범죄와 육체의 무할례로 죽었던 너희를
하나님이 그와 함께 살리시고 우리의 모든 죄를 사하시고

요한1서 1:9

만일 우리가 우리 죄를 자백하면 저는 미쁘시고 의로우사
우리 죄를 사하시며 모든 불의에서 우리를 깨끗케 하실 것이요

로마서 8:9

만일 너희 속에 하나님의 영이 거하시면
너희가 육신에 있지 아니하고 영에 있나니
누구든지 그리스도의 영이 없으면 그리스도의 사람이 아니라

갈라디아서 4:6

너희가 아들인고로 하나님이 그 아들의 영을
우리 마음 가운데 보내사 아바 아버지라 부르게 하셨느니라

베드로전서 1:23

너희가 거듭난 것이 썩어질 씨로 된 것이 아니오
썩지 아니할 씨로 된 것이니
하나님의 살아 있고 항상 있는 말씀으로 되었느니라

하나님 뜻을 따라서 성령으로 예수를 믿는 자들이 거듭난 천국 백성이다. 자기 자신의 육신을 따라서 예수를 믿는 자들은 지옥 가는 기독교 종교인이다.

예수님께서는 새 언약의 중보자로 오셔서 둘째 언약을 완전하게 이루시고, 성도의 몸(성전)안에 성령으로 내주하셔서 보혜사 예수 그리스도 생명의 양식을 먹게 함으로써, 그리스도 할례로 거듭난 모든 성도들은 누구나 그리스도의 법, 생명의 성령의 법, 성령의 믿음으로 둘째 언약인 천국 복음의 삶을 항상 살아갈 수 있도록 인도하신다.

예수 그리스도의 믿음으로 사는 성도는 모든 환경에서 항상 성령의 믿음으로 예수 그리스도의 몸을 먹고 예수 그리스도의 피를 마시는 성찬의 삶을 살아감으로써 모든 삶에서 주 예수 그리스도의 생명으로 하나가 되어서 살게 하신다.

사람이 성령으로 거듭나게 되는 것은 하나님 성령의 감동과 능력으로 하나님께서 할례(성령세례)를 베풀고, 하나님의 아가페 사랑을 알게 하셔서 도우시는 보혜사 성령의 믿음 가운데 하나님으로부터 임하시는 하나님 생명으로 인하여 하나님과 이웃을 온전하게 사랑하게 하신다.

신명기 30:6

네 하나님 여호와께서 네 마음과 네 자손의 마음에 할례를 베푸사
너로 마음을 다하며 성품을 다하여
네 하나님 여호와를 사랑하게 하사 너로 생명을 얻게 하실 것이며

로마서 8:2~6

이는 그리스도 예수 안에 있는 생명의 성령의 법이
죄와 사망의 법에서 너를 해방하였음이라
율법이 육신으로 말미암아
연약하여 할 수 없는 그것을 하나님은 하시나니
곧 죄를 인하여 자기 아들을 죄 있는 육신의 모양으로 보내어
육신에 죄를 정하사 육신을 좇지 않고 그 영을 좇아 행하는 우리에게
율법의 요구를 이루어지게 하려 하심이니라
육신을 좇는 자는 육신의 일을, 영을 좇는 자는 영의 일을 생각하나니
육신의 생각은 사망이요 영의 생각은 생명과 평안이니라

로마서 13:14

오직 주 예수 그리스도로 옷 입고
성욕을 위하여 육신의 일을 도모히지 말라

갈라디아서 2:20

내가 그리스도와 함께 십자가에 못 박혔나니
그런즉 이제는 내가 산 것이 아니요
오직 내 안에 그리스도께서 사신 것이라

요한복음 10:9,10

내가 문이니 누구든지 나로 말미암아 들어가면
구원을 얻고 또는 들어가며 나오며 꼴을 얻으리라
도적이 오는 것은 도적질하고 죽이고 멸망시키려는 것뿐이요
내가 온 것은 양으로 생명을 얻게 하고 더 풍성히 얻게 하려는 것이라

요한복음 14:20

그 날에는 내가 아버지 안에, 너희가 내 안에,
내가 너희 안에 있는 것을 너희가 알리라

요한계시록 3:20

볼지어다 내가 문 밖에 서서 두드리노니
누구든지 내 음성을 듣고 문을 열면 내가 그에게로 들어가
그로 더불어 먹고 그는 나로 더불어 먹으리라

히브리서 11:6

믿음이 없이는 기쁘시게 못하나니 하나님께 나아가는 자는
반드시 그가 계신 것과 또한 그가 자기를 찾는 자들에게
상주시는 이심을 믿어야 할지니라

요한복음 6:54~56

내 살을 먹고 내 피를 마시는 자는 영생을 가졌고
마지막 날에 내가 그를 다시 살리리니 내 살은 참된 양식이요
내 피는 참된 음료로다 내 살을 먹고 내 피를 마시는 자는
내 안에 거하고 나도 그 안에 거하나니

마가복음 12:30,31

네 마음을 다하고 목숨을 다하고 뜻을 다하고 힘을 다하여
주 너의 하나님을 사랑하라 하신 것이요 둘째는 이것이니 네 이웃을
네 몸과 같이 사랑하라 하신 것이라 이에서 더 큰 계명이 없느니라

하나님께서는 절대 의이신 하나님과 일치된 것을 선이라고 한다. 선악과로 타락하여 교만한 인간인 모든 사람들은 자신의 옛

자아로 선악을 분별하여 자기 의, 상대 의로 선악을 판단하고 고집하고 정죄한다. 하나님의 절대 의 앞에서 자기 의를 고집하는 것은 하나님께 반역이다.

예수 그리스도의 십자가와 부활에 연합하여 성령의 믿음으로 거듭난 하나님 아들들이고 신들인 성도는 원시복음과 첫언약을 예수님 십자가 죽음과 부활에 성령의 믿음으로 연합하여 모두 완전하게 다 이루시고, 성령의 믿음으로 천국 아들들이 되어서 곧 있을 영생 부활체의 완성될 새 하늘과 새 땅까지 세상을 사는 동안에 둘째 언약의 천국을 살아가는 하나님의 아들들이고, 신들로서 모든 시간 모든 상황에서 항상 믿음으로 천국을 누리면서 살고, 세상과 죄와 율법과 사망과 마귀를 넉넉히 이기는 천국 삶을 살게 된다. 이것은 지극히 정상적이고 성경적인 믿음이고 복음 신앙이다.

하나님은 예수 그리스도를 성령으로 믿게 하여서, 예수 십자가와 함께 죄로 죽은 성도의 옛 자아가 죽었다는 사실을 매순간 확신하게 하고, 예수님 십자가 죽음으로 인하여 율법의 정죄에서 완전하게 해방되었다는 사실을 확신하게 하고, 성령 세례(할례)와 함께 부활된 성도의 영혼이 성령의 삶으로 모든 순간과 모든 환경에서 예수 그리스도의 믿음 안에서 항상 아들의 영인 새 사람(자아)이 된 사실을 확신하게 하고, 예수 그리스도의 법으로 성전된 삶, 믿음의 법, 생명의 성령의 법, 신부의 삶, 제자의 삶, 아들의 삶, 성부와 성자와 성령과 하나가 되는 천국 삶을 살게 하신다.

옛 자아인 자신의 육신으로 이해하고 믿으려고 하는 것은 철학 윤리 도덕이고, 율법주의 종교주의 인본주의 가짜 믿음이다. 내 심중(카르디아)에 내주하신 하나님으로 믿어지는 것이 참 믿음이다. 모든 시간, 모든 장소, 모든 상황에서 언제나 내주하신 성령님으로 반드시 삼위 하나님과 일체로 살게 된다. 하나님께서는 항상 완전하게 일하신다. 성도는 모든 시간, 모든 장소, 모든 상황에서 언제나 내주하신 성령님과 연합하여 거듭난 영인 새 사람으로 사는 것이다.

성령으로 거듭난 하나님 아들들은 모든 삶에서 하나님 형상이어야 한다. 성도들이 하나님 형상으로 사는 것이 복음의 기본자세이고 복음의 핵심이다. 성도는 죄와 사망과 흑암의 세상에서 별같이 빛나는 하나님의 아들들이다. 하나님 형상인 성도는 자신의 자아를 떠올릴 때에 자신의 영혼이 자기 자신이고, 자아의 실상이고, 하나님 형상이어야 한다. 예수 그리스도 영으로 거듭나고 영을 따라서 살아가는 성도의 얼굴과 성도의 이름은 언제나 하나님의 영광이 되도록 하나님께서 인도하신다. 예수 그리스도의 얼굴이 하나님 아버지의 얼굴이고 이름이듯이 성령 안에서 성도의 얼굴은 언제나 하나님의 영광이어야 한다. 예수 생명인 예수님 주시는 생각과 마음으로 사는 것이 하나님 영광이다.

예수님을 머리로 하는 예수님 몸의 지체가 되어서 오직 예수님 이름(예수님이 주시는 생각과 마음, 예수님의 생명)으로 하나님 영광을 위해서 함께 살아가는 성도들의 모임이 예수님의 몸이고 교회이다.

하나님 믿음과 구원의 삶은 십자가 죽음을 믿음으로만이 구원이 아니고, 예수님 부활을 믿음으로만이 구원이 아니고, 예수님 십자가 죽음과 부활과 성령님의 내주 역사하심의 은혜로 인하여 자신 영혼의 성령 할례와 거듭남이 확실하게 믿어지고, 생명의 성령의 법, 예수 그리스도의 법, 믿음의 법, 새언약 복음의 삶이 항상 모든 환경의 삶에서 내 몸이 성전이 되어서 임재하신 삼위일체 성부 성자 성령의 능력으로 인하여 육신이 아니고 성령의 생각과 마음으로 완전한 복음의 천국 삶이 살아지는 것이 성도의 거듭남이다.

로마서 6:3~11

무릇 그리스도 예수와 합하여 세례를 받은 우리는
그의 죽으심과 합하여 세례를 받은 줄을 알지 못하느냐 그러므로
우리가 그의 죽으심과 합하여 세례를 받음으로
그와 함께 장사되었나니
이는 아버지의 영광으로 말미암아 그리스도를 죽은 자 가운데서
살리심과 같이 우리로 또한 새 생명 가운데서 행하게 하려 함이라
만일 우리가 그의 죽으심과 같은 모양으로 연합한 자가 되었으면
또한 그의 부활과 같은 모양으로 연합한 자도 되리라

우리가 알거니와 우리의 옛 사람이
예수와 함께 십자가에 못 박힌 것은
죄의 몸이 죽어 다시는 우리가 죄에게 종 노릇 하지 아니하려 함이니
이는 죽은 자가 죄에서 벗어나 의롭다 하심을 얻었음이라
만일 우리가 그리스도와 함께 죽었으면
또한 그와 함께 살 줄을 믿노니
이는 그리스도께서 죽은 자 가운데서 살아나셨으매
다시 죽지 아니하시고 사망이
다시 그를 주장하지 못할 줄을 앎이로라
그가 죽으심은 죄에 대하여 단번에 죽으심이요
그가 살아 계심은 하나님께 대하여 살아 계심이니
이와 같이 너희도 너희 자신을 죄에 대하여는 죽은 자요
그리스도 예수 안에서 하나님께 대하여는 살아 있는 자로 여길지어다

히브리서 2:9~18

오직 우리가 천사들보다 잠시 동안 못하게 하심을 입은 자
곧 죽음의 고난 받으심으로 말미암아
영광과 존귀로 관을 쓰신 예수를 보니
이를 행하심은 하나님의 은혜로 말미암아 모든 사람을 위하여
죽음을 맛보려 하심이라 그러므로 만물이 그를 위하고
또한 그로 말미암은 이가 많은 아들들을 이끌어

영광에 들어가게 하시는 일에
그들의 구원의 창시자를 고난을 통하여
온전하게 하심이 합당하도다
거룩하게 하시는 이와 거룩하게 함을 입은 자들이
다 한 근원에서 난지라
그러므로 형제라 부르시기를 부끄러워하지 아니하시고
이르시되 내가 주의 이름을 내 형제들에게 선포하고
내가 주를 교회 중에서 찬송하리라 하셨으며
또 다시 내가 그를 의지하리라 하시고 또 다시 볼지어다
나와 및 하나님께서 내게 주신 자녀라 하셨으니
자녀들은 혈과 육에 속하였으매 그도 또한 같은 모양으로
혈과 육을 함께 지니심은 죽음을 통하여 죽음의 세력을 잡은 자
곧 마귀를 멸하시며 또 죽기를 무서워하므로
한평생 매여 종 노릇 하는 모든 자들을 놓아 주려 하심이니
이는 확실히 천사들을 붙들어 주려 하심이 아니요
오직 아브라함의 자손을 붙들어 주려 하심이라
그러므로 그가 범사에 형제들과 같이 되심이 마땅하도다
이는 하나님의 일에 자비하고 신실한 대제사장이 되어
백성의 죄를 속량하려 하심이라
그가 시험을 받아 고난을 당하셨은즉
시험 받는 자들을 능히 도우실 수 있느니라

히브리서 10:16~20

주께서 이르시되 그 날 후로는 그들과 맺을 언약이 이것이라 하시고
내 법을 그들의 마음에 두고 그들의 생각에 기록하리라 하신 후에
또 그들의 죄와 그들의 불법을
내가 다시 기억하지 아니하리라 하셨으니
이것들을 사하셨은 즉 다시 죄를 위하여 제사 드릴 것이 없느니라
그러므로 형제들아 우리가 예수의 피를 힘입어 성소에 들어갈 담력을
얻었나니 그 길은 우리를 위하여 휘장 가운데로 열어 놓으신
새로운 살 길이요 휘장은 곧 그의 육체니라

요한복음 14:8~11

빌립이 가로되 주여 아버지를 우리에게 보여 주옵소서
그리하면 족하겠나이다 예수께서 가라사대 빌립아
내가 이렇게 오래 너희와 함께 있으되 네가 나를 알지 못하느냐
나를 본 자는 아버지를 보았거늘 어찌하여 아버지를 보이라 하느냐
나는 아버지 안에 있고 아버지는 내 안에 계신 것을 네가 믿지
아니하느냐 내가 너희에게 이르는 말이 스스로 하는 것이 아니라
아버지께서 내 안에 계셔 그의 일을 하시는 것이라
내가 아버지 안에 있고 아버지께서 내 안에 계심을 믿으라
그렇지 못하겠거든 행하는 그 일을 인하여 나를 믿으라

고린도후서 4:6

어두운 데서 빛이 비취리라 하시던 그 하나님께서 예수 그리스도의 얼굴에 있는 하나님의 영광을 아는 빛을 우리 마음에 비취셨느니라

하나님 앞에 사는 모든 삶에서 성도의 육체(몸)는 죽어서 드리는 산 제물이다. 육체가 산 제물이 되어야만이 내 영이 성령으로 하나가 되어서 살아갈 수 있다. 예수님과 함께 제물로 이미 죽은 옛 자아의 율법과 육적인 삶인 성도의 육체(몸)는 매순간 거듭난 영으로 죽여야 한다. 하나님 아버지와 아들 예수와 성령 안에서 거듭난 성도의 영은 하나이다. 그러므로 성도의 영과 혼과 육을 그리스도의 영이 항상 인도하신다.

로마서 12:1

그러므로 형제들아 내가 하나님의 모든 자비하심으로 너희를 권하노니 너희 몸을 하나님이 기뻐하시는 거룩한 산 제사로 드리라 이는 너희의 드릴 영적 예배니라

에베소서 4:3

평안의 매는 줄로 성령의 하나 되게 하신 것을 힘써 지키라

요한복음 10:30

나와 아버지는 하나이니라 하신대

요한복음 14:16~20

내가 아버지께 구하겠으니 그가 또 다른 보혜사를
너희에게 주사 영원토록 너희와 함께 있게 하시리니
저는 진리의 영이라 세상은 능히 저를 받지 못하나니
이는 저를 보지도 못하고 알지도 못함이라
그러나 너희는 저를 아나니 저는 너희와 함께 거하심이요
또 너희 속에 계시겠음이라 내가 너희를 고아와 같이
버려 두지 아니하고 너희에게로 오리라 조금 있으면
세상은 다시 나를 보지 못할 터이로되 너희는 나를 보리니
이는 내가 살았고 너희도 살겠음이라
그 날에는 내가 아버지 안에, 너희가 내 안에,
내가 너희 안에 있는 것을 너희가 알리라

요한복음 14:26

보혜사 곧 아버지께서 내 이름으로 보내실
성령 그가 너희에게 모든 것을 가르치시고
내가 너희에게 말한 모든 것을 생각나게 하시리라

요한복음 17:21~23

아버지께서 내 안에, 내가 아버지 안에 있는 것같이
저희도 다 하나가 되어 우리 안에 있게 하사
세상으로 아버지께서 나를 보내신 것을 믿게 하옵소서
내게 주신 영광을 내가 저희에게 주었사오니
이는 우리가 하나가 된 것 같이
저희도 하나가 되게 하려 함이니이다 곧 내가 저희 안에, 아버지께서
내 안에 계셔 저희로 온전함을 이루어 하나가 되게 하려 함은
아버지께서 나를 보내신 것과 또 나를 사랑하심같이
저희도 사랑하신 것을 세상으로 알게 하려 함이로소이다

고린도후서 6:16~18

하나님의 성전과 우상이 어찌 일치가 되리요
우리는 살아 계신 하나님의 성전이라 이와 같이 하나님께서 가라사대
내가 저희 가운데 거하며 두루 행하여 나는 저희 하나님이 되고

저희는 나의 백성이 되리라 하셨느니라
그러므로 주께서 말씀하시기를
너희는 저희 중에서 나와서 따로 있고 부정한 것을 만지지 말라
내가 너희를 영접하여 너희에게 아버지가 되고 너희는 내게
자녀가 되리라 전능하신 주의 말씀이니라 하셨느니라

구약시대에는 하나님 지성소를 아무라도 들어갈 수 없었고, 그 누구라도 하나님을 대면하여 볼 수 없었다. 오직 속죄제를 온전히 드린 그 해의 대제사장만이 1년에 단 한번 백성들의 속죄 제사를 위해서 하나님 지성소에 들어갈 수 있었다.

그러나 예수 그리스도 십자가 부활 이후 오순절 성령 시대를 살아가는 성령으로 거듭난 성도들은 모든 환경에서 성령의 믿음으로 자신 안에 계신 하나님께 언제나 기도할 수 있으며, 예수님 십자가 속죄와 부활의 공로를 힘입어서 하나님을 매순간 직접적으로 대면할 수가 있다. 그래서 구약의 마지막 율법 제사장이자 최고로 위대한 선지자 세례 요한보다 오순절 이후 성령 교회 시대에서 지극히 작은 성도가 더욱 크고 위대하다.

출애굽기 33;18~23

모세가 가로되 원컨대 주의 영광을 내게 보이소서
여호와께서 가라사대
내가 나의 모든 선한 형상을 네 앞으로 지나게 하고
여호와의 이름을 네 앞에 반포하리라
나는 은혜 줄 자에게 은혜를 주고
긍휼히 여길 자에게 긍휼을 베푸느니라
또 가라사대 네가 내 얼굴을 보지 못하리니
나를 보고 살 자가 없음이니라 여호와께서 가라사대 보라
내 곁에 한 곳이 있으니 너는 그 반석 위에 섰으라
내 영광이 지날 때에 내가 너를 반석 틈에 두고
내가 지나도록 내 손으로 너를 덮었다가 손을 거두리니
네가 내 등을 볼 것이요 얼굴은 보지 못하리라

열왕기상 8:10,11

제사장이 성소에서 나올 때에 구름이 여호와의 전에 가득하매
제사장이 그 구름으로 인하여 능히 서서 섬기지 못하였으니
이는 여호와의 영광이 여호와의 전에 가득함이었더라

출애굽기 34:33~35

그들에게 말하기를 마치고 수건으로 자기 얼굴을 가리웠더라
그러나 모세가 여호와 앞에 들어가서 함께 말씀할 때에는 나오기까지
수건을 벗고 있다가 나와서는 그 명하신 일을
이스라엘 자손에게 고하며
이스라엘 자손이 모세의 얼굴의 광채를 보는 고로 모세가 여호와께
말씀하러 들어가기까지 다시 수건으로 자기 얼굴을 가리웠더라

에배소서 14:9

예수께서 가라사대 빌립아 내가 이렇게 오래 너희와
함께 있으되 네가 나를 알지 못하느냐 나를 본 자는 아버지를
보았거늘 어찌하여 아버지를 보이라 하느냐

요한복음 1:14

말씀이 육신이 되어 우리 가운데 거하시매 우리가 그 영광을 보니
아버지의 독생자의 영광이요 은혜와 진리가 충만하더라

사도행전 9:27

바나바가 데리고 사도들에게 가서 그가 길에서 어떻게 주를
본 것과 주께서 그에게 말씀하신 일과 다메섹에서 그가 어떻게
예수의 이름으로 담대히 말하던 것을 말하니라

마태복음 11:11

내가 진실로 너희에게 말하노니
여자가 낳은 자 중에 세례 요한보다 큰
이가 일어남이 없도다
그러나 천국에서는 극히 작은 자라도 저보다 크니라

예레미야 33:31~34

나 여호와가 말하노라 보라 날이 이르리니
내가 이스라엘 집과 유다 집에 새 언약을 세우리라
나 여호와가 말하노라 이 언약은 내가 그들의 열조의 손을 잡고
애굽 땅에서 인도하여 내던 날에 세운 것과 같지 아니할 것은
내가 그들의 남편이 되었어도 그들이 내 언약을 파하였음이니라
나 여호와가 말하노라
그러나 그 날 후에 내가 이스라엘 집에 세울 언약은

이러하니 곧 내가 나의 법을 그들의 속에 두며 그 마음에 기록하여
나는 그들의 하나님이 되고 그들은 내 백성이 될 것이라
그들이 다시는 각기 이웃과 형제를 가리켜 이르기를
너는 여호와를 알라 하지 아니하리니 이는 작은 자로부터
큰 자까지 다 나를 앎이니라 내가 그들의 죄악을 사하고 다시는
그 죄를 기억지 아니하리라 여호와의 말이니라

고린도후서 6:16~18

하나님의 성전과 우상이 어찌 일치가 되리요
우리는 살아 계신 하나님의 성전이라 이와 같이 하나님께서
가라사대 내가 저희 가운데 거하며 두루 행하여
나는 저희 하나님이 되고 저희는 나의 백성이 되리라 하셨느니라
그러므로 주께서 말씀하시기를 너희는 저희 중에서 나와서 따로 있고
부정한 것을 만지지 말라 내가 너희를 영접하여
너희에게 아버지가 되고 너희는 내게 사녀가 되리라
전능하신 주의 말씀이니라 하셨느니라

솔로몬과 같이 구월 궁전에서 역사상 전세계 최고의 부귀영화를 누릴지라도 모든 사람들은 옛 자아인 육신에 있으면 언제나

허무이고 고통과 죽음이지만 성령의 믿음으로 거듭난 새 자아로서 성령의 믿음으로 살아간다면 언제나 모든 환경에서 천국이고, 생명. 평안. 기쁨. 능력. 소망. 사랑. 행복…… 전부이다. 인생들이 바라는 진정한 행복과 영생과 소망은 오직 예수 그리스도 안에 있다.

시편 62:9

진실로 천한 자도 헛되고 높은 자도 거짓되니
저울에 달면 들려 입김보다 경하리로다

전도서 1:2

전도자가 가로되 헛되고 헛되며 헛되고 헛되니 모든 것이 헛되도다

전도서 12:8

전도자가 가로되 헛되고 헛되도다 모든 것이 헛되도다

사도행전 7:55,59,60

스데반이 성령이 충만하여 하늘을 우러러 주목하여
하나님의 영광과 및 예수께서 하나님 우편에 서신 것을 보고...
저희가 돌로 스데반을 치니 스데반이 부르짖어 가로되
주 예수여 내 영혼을 받으시옵소서 하고
무릎을 꿇고 크게 불러 가로되
주여 이 죄를 저들에게 돌리지 마옵소서 이 말을 하고 자니라

고린도전서 13:13

그런즉 믿음, 소망, 사랑, 이 세 가지는
항상 있을 것인데 그 중에 제일은 사랑이라

마태복음 5:44

나는 너희에게 이르노니 너희 원수를 사랑하며
너희를 핍박하는 자를 위하여 기도하라

아담과 하와가 선악과를 먹기 전에는 벗었으나 부끄러움이 없었다. 선악과 불순종 타락 이후에 선악 지식으로 인하여 하나님과 분리되고, 자기 의, 자아적 원죄로 인하여 모든 삶이 선악과 죄 안에 갇히게 되고, 성령은 떠났기에 영이 죽었고, 육신을 따라서 죄와 사망의 종으로 산다.

믿음으로 사는 성도는 누구나 하나님의 얼굴이고, 하나님의 사랑이다. 성도의 얼굴은 성령의 믿음으로 언제나 사랑이고, 언제나 행복이고, 언제나 평안이고, 언제나 충만이고, 언제나 기쁨이고, 언제나 자유이고, 언제나 지혜이고, 언제나 능력이고, …. , 언제나 믿음이고, 언제나 소망이고, 언제나 사랑이고, 언제나 모든 삶이 예배이고 천국이다.

하나님 안에서 성도의 삶은 언제나 모든 환경들 가운데에서 과거, 현재, 미래, 모든 시간들에서 현재완료진행형 천국이이어야 한다. 예수 그리스도의 믿음으로 성령이 내주하시는 내 몸이 성전이 되고 성전으로 사는 하나님의 성도들의 모임이 교회인 것이다.

마태복음 11:12

세례 요한의 때부터 지금까지 천국은 침노를 당하나니
침노하는 자는 빼앗느니라

베드로전서 1:8~9

예수를 너희가 보지 못하였으나 사랑하는도다
이제도 보지 못하나 믿고 말할 수 없는 영광스러운 즐거움으로
기뻐하니 믿음의 결국 곧 영혼의 구원을 받음이라

에베소서 4:11~16

그가 혹은 사도로, 혹은 선지자로, 혹은 복음 전하는 자로,
혹은 목사와 교사로 주셨으니 이는 성도를 온전케 하며
봉사의 일을 하게 하며 그리스도의 몸을 세우려 하심이라
우리가 다 하나님의 아들을 믿는 것과 아는 일에 하나가 되어
온전한 사람을 이루어 그리스도의 장성한 분량이

충만한 데까지 이르리니

이는 우리가 이제부터 어린아이가 되지 아니하여

사람의 궤술과 간사한 유혹에 빠져

모든 교훈의 풍조에 밀려 요동치 않게 하려 함이라

오직 사랑 안에서 참된 것을 하여 범사에 그에게까지

자랄찌라 그는 머리니 곧 그리스도라 그에게서

온 몸이 각 마디를 통하여 도움을 입음으로 연락하고

상합하여 각 지체의 분량대로 역사하여 그 몸을 자라게

하며 사랑 안에서 스스로 세우느니라

베드로전서 4:11

만일 누가 말하려면 하나님의 말씀을 하는 것같이 하고
누가 봉사하려면 하나님의 공급하시는 힘으로 하는 것같이 하라
이는 범사에 예수 그리스도로 말미암아 하나님이 영광을 받으시게 하
려 함이니 그에게 영광과 권능이 세세에 무궁토록 있느니라 아멘

하나님은 성령의 능력으로 거듭나게 낳으셔서 완전한 하나
님 아들들로서 성령의 믿음으로 항상 사탄과 죄와 세상을 넉넉
히 이기면서 살게 하셨지만 지금도 사탄은 옛 자아의 육신이 죽
지 않은 성도들을 창세기 아담과 이브의 유혹과 같이 속이고 미

혹함으로써 율법 행위 등 다양한 선악과들로서 매 순간 육신의 종, 죄의 종으로 유혹하여 낙심하도록 미혹한다.

성경적 복음으로 성령님의 인도를 받는 삶을 사는 성도가 복 있는 자인데, 정상적 성경 복음의 천국을 사는 것이 예수님 산상수훈 8복의 삶이다.

야고보서 1:22~25

너희는 도를 행하는 자가 되고 듣기만 하여 자신을
속이는 자가 되지 말라 누구든지 도를 듣고 행하지 아니하면
그는 거울로 자기의 생긴 얼굴을 보는 사람과 같으니
제 자신을 보고 가서 그 모양이 어떠한 것을 곧 잊어버리거니와
자유하게 하는 온전한 율법을 들여다보고 있는 자는
듣고 잊어버리는 자가 아니요 실행하는 자니
이 사람이 그 행하는 일에 복을 받으리라

요한복음 8:32

진리를 알찌니 진리가 너희를 자유케 하리라

마태복음 5:3~12

심령이 가난한 자는 복이 있나니 천국이 저희 것임이요
애통하는 자는 복이 있나니 저희가 위로를 받을 것임이요
온유한 자는 복이 있나니 저희가 땅을 기업으로 받을 것임이요
의에 주리고 목마른 자는 복이 있나니 저희가 배부를 것임이요
긍휼히 여기는 자는 복이 있나니
저희가 긍휼히 여김을 받을 것임이요
마음이 청결한 자는 복이 있나니저희가 하나님을 볼 것임이요
화평케 하는 자는 복이 있나니
저희가 하나님의 아들이라 일컬음을 받을 것임이요
의를 위하여 핍박을 받은 자는 복이 있나니 천국이 저희 것임이라
나를 인하여 너희를 욕하고 핍박하고 거짓으로 너희를 거스려
모든 악한 말을 할 때에는
너희에게 복이 있나니 기뻐하고 즐거워하라
하늘에서 너희의 상이 큼이라
너희 전에 있던 선지자들을 이같이 핍박하였느니라

세상 사람들이 할 수 있는 하나님 일은 예수 그리스도를 믿는 것이다. 이 세상을 살아가는 동안에 하나님이 인정하는 의인이 되는 유일한 길도 오직 예수 그리스도를 사랑하고 신뢰하는 영의 믿음으로 사는 것이다.

요한복음 6:29

예수께서 대답하여 가라사대
하나님의 보내신 자를 믿는 것이 하나님의 일이니라 하시니

로마서 4:3

성경이 무엇을 말하느뇨 아브라함이 하나님을 믿으매
이것이 저에게 의로 여기신 바 되었느니라

골로새서 3:17

또 무엇을 하든지 말에나 일에나 다 주 예수의 이름으로 하고
그를 힘입어 하나님 아버지께 감사하라

천국의 삶

　율법과 죄에 대하여 죽은 자만이 죄 사함, 속죄를 받은 자이다. 왜냐하면 율법과 죄의 댓가는 반드시 사망이어야 하기 때문이다.

　육신의 믿음을 버리고, 예수님의 믿음으로 채워져야만 천국이고 영생이다.

　예수 그리스도만이 하나님의 참 성전이시며, 하나님의 집이며, 하나님의 안식처이다. 성도의 몸은 성전이고 교회의 지체들이다.

　하나님과 하나됨이 생명과 천국이고, 하나님과 분리됨이 사망과 지옥이다. 하나님 안에서 성령으로 하나가 되어서 사는 것이 지극히 정상적인 인생이다.

　죄의 원어적 의미는 하나님으로부터 벗어났다는 의미이다. 화살이 목표 지점인 표적(과녁)으로부터 벗어났다는 의미이다. 자기 위치를 떠난 것이고 본분을 잃어버린 것이고 월권이고 반란이다. 사탄과 사람이 교만함으로 하나님의 절대 의와 하나님 주권을 침해한 것이다. 사탄과 사람이 자기 위치를 떠나감으로써 하나님께 반역함이 원죄이다.

정금과 보석으로 처리되는 기간이 이 땅에서의 성도들의 삶이다. 성도들은 하나님의 거룩한 성전 재료이고 새 예루살렘성의 지체들로서 하나님께서 친히 다루심으로써 완성된 성전으로 지어가는 과정이다. 세상에서의 삶은 혼과 육을 처리 받는 과정이고 성화의 단계이다.

하나님 성령의 할례로 거듭나고, 성경 말씀의 물 세례로서 씻고 세상 핍박으로 강하게 단련하고 연단되어서 정금같이 나오게 하신다. 강한 압력과 열을 견디고 연단을 이기는 것이 하나님의 보석들이다. 말씀으로 훈련하시고 핍박으로 단련하시고 강한 압박과 압력으로 단련되어서 불순물이 완전히 제거된 보석들이 새 예루살렘 성의 지체들이 된다.

하나님이 내 안에서 참으로 안식하신다면 나 자신도 하나님으로 안식을 누리는 것이고, 하나님 자녀는 언제나 모든 환경에서 안식하여야 정상이다.

고린도후서 4:11

우리 산 자가 항상 예수를 위하여 죽음에 넘기움은
예수의 생명이 또한 우리 죽을 육체에 나타나게 하려 함이니라

에베소서 2:15

원수 된 것 곧 의문에 속한 계명의 율법을 자기 육체로 폐하셨으니
이는 이 둘로 자기의 안에서 한 새 사람을 지어 화평하게 하시고

골로새서 2:9,10

그 안에는 신성의 모든 충만이 육체로 거하시고 너희도
그 안에서 충만하여졌으니 그는 모든 정사와 권세의 머리시라

히브리서 9:11

그리스도께서 장래 좋은 일의 대제사장으로 오사 손으로 짓지 아니한
곧 이 창조에 속하지 아니한 더 크고 온전한 장막으로 말미암아

에베소서 2:22

너희도 성령 안에서 하나님의 거하실 처소가 되기 위하여
예수 안에서 함께 지어져 가느니라

고린도전서 3:16

너희가 하나님의 성전인 것과 하나님의 성령이
너희 안에 거하시는 것을 알지 못하느뇨

어린 양 그리스도와 하나님이 친히 성전이시고 그 성전 안에서 하나님은 영원히 안식하신다. 하나님의 안식이 참된 안식이고 영원한 안식이다. 하나님 안식처인 성전이 예수 그리스도(머리)와 교회(몸)이다.

성도는 진정으로 하나님께서 안식하시는 처소가 되어야 한다. 머리가 되시는 예수님께서 안식하는 몸된 교회이고 성도이어야 한다.

이사야 66:1

여호와께서 이같이 말씀하시되
하늘은 나의 보좌요 땅은 나의 발등상이니
너희가 나를 위하여 무슨 집을 지을꼬 나의 안식할 처소가 어디랴

사도행전 7:49

주께서 가라사대 하늘은 나의 보좌요 땅은 나의 발등상이니
너희가 나를 위하여 무슨 집을 짓겠으며 나의 안식할 처소가 어디뇨

마태복음 8:20

예수께서 이르시되 여우도 굴이 있고 공중의 새도 거처가 있으되
오직 인자는 머리 둘 곳이 없다 하시더라

누가복음 9:58

예수께서 가라사대 여우도 굴이 있고 공중의 새도 집이 있으되
인자는 머리 둘 곳이 없도다 하시고

요한계시록 11:19

이에 하늘에 있는 하나님의 성전이 열리니
성전 안에 하나님의 언약궤가 보이며
또 번개와 음성들과 뇌성과 지진과 큰 우박이 있더라

창세기 2:24

이러므로 남자가 부모를 떠나
그 아내와 연합하여 둘이 한 몸을 이룰지로다

에베소서 5:31~32

이러므로 사람이 부모를 떠나 그 아내와 합하여
그 둘이 한 육체가 될지니
이 비밀이 크도다 내가 그리스도와 교회에 대하여 말하노라

요한계시록 21:2

또 내가 보매 거룩한 성 새 예루살렘이 하나님께로부터 하늘에서
내려오니 그 준비한 것이 신부가 남편을 위하여 단장한 것 같더라

요한계시록 21:22

성안에 성전을 내가 보지 못하였으니 이는 주 하나님
곧 전능하신 이와 및 어린 양이 그 성전이심이라

로마서 8:14~18

무릇 하나님의 영으로 인도함을 받는 그들은 곧 하나님의 아들이라
너희는 다시 무서워하는 종의 영을 받지 아니하였고
양자의 영을 받았으므로 아바 아버지라 부르짖느니라
성령이 친히 우리 영으로 더불어
우리가 하나님의 자녀인 것을 증거하시나니
자녀이면 또한 후사 곧 하나님의 후사요
그리스도와 함께 한 후사니
우리가 그와 함께 영광을 받기 위하여
고난도 함께 받아야 될 것이니라 생각건대 현재의 고난은
장차 우리에게 나타날 영광과 족히 비교할 수 없도다

하나님 구원 (성경적 복음의 핵심)

　하나님 구원의 삶은 예수님 십자가 죽음과 장사와 부활과 성령님의 내주 역사하심의 은혜로 심중에 성령의 할례(세례, 거듭남)이 확실하게 믿어지고, 항상 모든 환경과 삶에서 육신이 하나님 성전이 되어서, 임재하신 삼위일체 성부 성자 성령의 능력으로 인하여 생명의 성령의 법, 예수 그리스도의 법, 예수 믿음의 법, 새 언약 복음의 삶들이 항상 영혼(생각,마음)으로 살아지는 완전한 천국 복음의 삶을 사는 것이다.

　정상적이고 성경적인 하나님 믿음과 구원과 천국의 삶이란 무엇인가? 옛 자아가 믿는 가짜 믿음이 아니고, 하나님께서 낳으시는 성령의 믿음으로, 하나님 재창조(낳음)로 거듭나서, 하나님 영의 할례로 내 영혼이 새사람이 되는 것인데, 예수님의 십자가 죽음과 함께 옛 자아인 내가 죽은 것이고, 예수님 십자가 무덤의 장사와 함께 내가 무덤에 장사된 것이고, 예수님 부활과 함께 내 영이 재창조 부활하여 내 몸이 예수 그리스도 성령의 내주하심으로 성전과 교회가 되어서 새 사람(영혼육)으로 천국을 사는 것이다.

　하나님이 낳은 성도는 예수 그리스도를 옷 입고 사는 하나님 자녀이기에, 하나님 은혜로 내 심중에 성령 할례(세례)와 거듭남이 확실하게 믿어지고, 내 육신이 하나님 성전으로서 생명의 성령의 법. 예수 그리스도의 법. 믿음의 법. 새 언약. 복음적 믿음의 삶이 항상 모든 환경의 삶에서 임재하신 삼위일체 성부 성자 성령의 영혼(생각,마음)으로 살아지는 완전한 천국 복음의 삶을 산다는 것이다.

믿음으로 세상과 죄를 이기고 항상 천국을 사는 지극히 정상적인 하나님 자녀로 살아지는 비결은? 물 세례와 성령 할례를 통하여 예수 그리스도를 믿는 하나님 영의 믿음으로 거듭나서, 하나님 자녀가 이미 확정된 자신의 정체성 존재감을 정확하게 깨닫고 알아서, 과거 습관에 익숙했었던 육신을 따라서 살았던 옛 자아, 가짜 자신은 날마다 순간마다 죽고, 하나님 성령으로 거듭난 새 사람, 진짜 자신의 영이 성령과 하나가 되어서, 생각. 마음. 감정. 지식. 의지… 등 혼과 육의 모든 삶들이 성경 말씀을 기준하여 하나님의 믿음, 하나님의 소망과 하나님의 사랑으로 살아지는 것이 성령 충만이고, 하나님 생명으로 하나님 나라(천국)를 사는 것이다.

하나님께서는 에덴동산 중앙에 선악과와 생명과를 두어서 아담과 이브가 하나님께서 정한 때에 생명과를 먹고서 하나님 생명(예수)이 된 이후에 선악과를 먹게 함으로써 하나님 아들들의 하나님 나라의 완성을 계획하였지만, 타락한 천사, 사탄(뱀)의 선악과 유혹에 타락한 아담과 이브의 불순종 선악과 원죄로 인하여 인류 역사는 6천년 동안 아담 타락의 시간들을 통하여 하나님 구원의 역사와 제 인생들을 지나도록 하셨다.

창세 전부터 영원까지 홀로 만왕의 왕, 만주의 주이시며 전지전능하신 하나님께서는 타락한 천사, 사탄 뱀의 선악과 유혹에 타락하는 아담과 이브의 불순종 원죄마저도 미리 아셨기에(예지), 그 죄로 인한 독생자 예수 그리스도의 십자가 죽음과 부활을 통한 온 인류의 완전한 구원의 계획을 모두 다 미리 예정하시고, 하나님의 뜻대로 예수 그리스도의 십자가 죽음과 부활과 성령 세례(거듭남)와 내주하는 성전과 교회를 통하여 완전하게 완성하셨다.

성경을 통하여 하나님께서 약속하신 대로 창세 이전에 계획하신 모든 하나님 자녀들을 원시 복음을 통하여 완전한 구원을 이루실 것을 약속하시고, 첫째 언약인 계명 언약들을 통하여 하나님의 율법들은 누구나 인간 스스로는 절대로 실행할 수 없다는 사실을 깨달아 알게 하시고, 하나님의 은혜와 긍휼과 자비만을 전적으로 의지하게 하시고, 예수 그리스도의 십자가 사랑과 부활의 둘째 언약 새 언약을 통하여 하나님 복음을 믿는 모든 성도들을 교회 머리가 되시는 예수 그리스도의 성전(몸)인 교회가 되게 해서서 영원토록 성부와 성자와 성령으로 완전한 하나가 되는 새예루살렘성 천국교회(성전,몸)로 완성하신다.

사도행전 16:31

이르되 주 예수를 믿으라 그리하면
너와 네 집이 구원을 받으리라 하고

창세기 3:15

내가 너로 여자와 원수가 되게 하고
네 후손도 여자의 후손과 원수가 되게 하리니
여자의 후손은 네 머리를 상하게 할 것이요
너는 그의 발꿈치를 상하게 할 것이니라 하시고

창세기 3:21

여호와 하나님이 아담과 그의 아내를 위하여
가죽 옷을 지어 입히시니라

갈라디아서 3:23~29

믿음이 오기 전에 우리는 율법 아래에 매인 바 되고
계시될 믿음의 때까지 갇혔느니라
이같이 율법이 우리를 그리스도께로
인도하는 초등교사가 되어 우리로 하여금 믿음으로 말미암아
의롭다 함을 얻게 하려 함이라
믿음이 온 후로는 우리가 초등교사 아래에 있지 아니하도다
너희가 다 믿음으로 말미암아 그리스도 예수 안에서
하나님의 아들이 되었으니 누구든지 그리스도와 합하기 위하여
세례를 받은 자는 그리스도로 옷 입었느니라
너희는 유대인이나 헬라인이나 종이나 자유인이나
남자나 여자나 다 그리스도 예수 안에서 하나이니라
너희가 그리스도의 것이면 곧 아브라함의 자손이요
약속대로 유업을 이을 자니라

창세기 3:22

여호와 하나님이 이르시되 보라 이 사람이 선악을
아는 일에 우리 중 하나 같이 되었으니 그가 그의 손을 들어
생명 나무 열매도 따먹고 영생할까 하노라 하시고

창세기 17:7~10

내가 내 언약을 나와 너 및 네 대대 후손 사이에 세워서
영원한 언약을 삼고 너와 네 후손의 하나님이 되리라
내가 너와 네 후손에게 네가 거류하는 이 땅 곧 가나안 온 땅을 주어
영원한 기업이 되게 하고 나는 그들의 하나님이 되리라
하나님이 또 아브라함에게 이르시되 그런즉 너는 내 언약을 지키고
네 후손도 대대로 지키라 너희 중 남자는 다 할례를 받으라
이것이 나와 너희와 너희 후손 사이에 지킬 내 언약이니라

창세기 17:16,17,19,21

내가 그에게 복을 주어 그가 네게 아들을 낳아 주게 하며
내가 그에게 복을 주어 그를 여러 민족의 어머니가 되게 하리니
민족의 여러 왕이 그에게서 나리라 아브라함이 엎드려 웃으며
마음속으로 이르되 백 세 된 사람이 어찌 자식을 낳을까
사라는 구십 세니 어찌 출산하리요 하고 하나님이 이르시되
아니라 네 아내 사라가 네게 아들을 낳으리니
너는 그 이름을 이삭이라 하라 내가
그와 내 언약을 세우리니 그의 후손에게 영원한 언약이 되리라
내 언약은 내가 내년 이 시기에 사라가 네게 낳을 이삭과 세우리라

신명기 29:13~15

여호와께서 네게 말씀하신 대로 또 네 조상 아브라함과

이삭과 야곱에게 맹세하신 대로

오늘 너를 세워 자기 백성을 삼으시고

그는 친히 네 하나님이 되시려 함이니라

내가 이 언약과 맹세를 너희에게만 세우는 것이 아니라

오늘 우리 하나님 여호와 앞에서 우리와 함께 여기 서 있는 자와

오늘 우리와 함께 여기 있지 아니한 자에게까지이니

신명기 30:6

네 하나님 여호와께서 네 마음과 네 자손의 마음에 할례를 베푸사

너로 마음을 다하며 뜻을 다하여 네 하나님 여호와를 사랑하게 하사

너로 생명을 얻게 하실 것이며

예레미야 31:27,31~34

여호와의 말씀이니라 보라

내가 사람의 씨와 짐승의 씨를 이스라엘 집과 유다 집에

뿌릴 날이 이르리니…

여호와의 말씀이니라 보라 날이 이르리니

내가 이스라엘 집과 유다 집에 새 언약을 맺으리라
이 언약은 내가 그들의 조상들의 손을 잡고 애굽 땅에서 인도하여
내던 날에 맺은 것과 같지 아니할 것은 내가 그들의 남편이 되었어도
그들이 내 언약을 깨뜨렸음이라 여호와의 말씀이니라
그러나 그 날 후에 내가 이스라엘 집과 맺을 언약은 이러하니
곧 내가 나의 법을 그들의 속에 두며 그들의 마음에 기록하여
나는 그들의 하나님이 되고 그들은 내 백성이 될 것이라
여호와의 말씀이니라
그들이 다시는 각기 이웃과 형제를 가리켜 이르기를
너는 여호와를 알라 하지 아니하리니 이는 작은 자로부터 큰 자까지
다 나를 알기 때문이라 내가 그들의 악행을 사하고 다시는
그 죄를 기억하지 아니하리라 여호와의 말씀이니라

말라기 4:2

내 이름을 경외하는 너희에게는 공의로운 해가 떠올라서 치료하는
광선을 비추리니 너희가 나가서 외양간에서 나온 송아지 같이 뛰리라

마가복음 1:1

하나님의 아들 예수 그리스도의 복음의 시작이라

로마서 10:10

사람이 마음으로 믿어 의에 이르고
입으로 시인하여 구원에 이르느니라

마가복음 1:14,15

요한이 잡힌 후 예수께서 갈릴리에 오셔서
하나님의 복음을 전파하여 이르시되 때가 찼고 하나님의
나라가 가까이 왔으니 회개하고 복음을 믿으라 하시더라

요한복음 14:10,11

내가 아버지 안에 거하고 아버지는 내 안에 계신 것을
네가 믿지 아니하느냐 내가 너희에게 이르는 말은 스스로 하는 것이
아니라 아버지께서 내 안에 계셔서 그의 일을 하시는 것이라
내가 아버지 안에 거하고 아버지께서 내 안에 계심을 믿으라
그렇지 못하겠거든 행하는 그 일로 말미암아 나를 믿으라

마태복음 1:21~23

아들을 낳으리니 이름을 예수라 하라
이는 그가 자기 백성을 그들의 죄에서 구원할 자이심이라 하니라
이 모든 일이 된 것은 주께서 선지자로 하신 말씀을 이루려 하심이니
이르시되 보라 처녀가 잉태하여 아들을 낳을 것이요
그의 이름은 임마누엘이라 하리라 하셨으니 이를 번역한즉
하나님이 우리와 함께 계시다 함이라

히브리서 10:9,10,16~20

그 후에 말씀하시기를 보시옵소서 내가 하나님의 뜻을 행하러
왔나이다 하셨으니 그 첫째 것을 폐하심은
둘째 것을 세우려 하심이라
이 뜻을 따라 예수 그리스도의 몸을 단번에 드리심으로 말미암아
우리가 거룩함을 얻었노라… 주께서 이르시되
그 날 후로는 그들과 맺을 언약이 이것이라 하시고
내 법을 그들의 마음에 두고 그들의 생각에 기록하리라 하신 후에
또 그들의 죄와 그들의 불법을
내가 다시 기억하지 아니하리라 하셨으니
이것들을 사하셨은 즉 다시 죄를 위하여 제사 드릴 것이 없느니라
그러므로 형제들아 우리가 예수의 피를 힘입어

성소에 들어갈 담력을 얻었나니
그 길은 우리를 위하여 휘장 가운데로 열어 놓으신
새로운 살 길이요 휘장은 곧 그의 육체니라

히브리서 9:11,12,14,15,22,24~28

그리스도께서는 장래 좋은 일의 대제사장으로 오사
손으로 짓지 아니한 것 곧 이 창조에 속하지 아니한 더 크고 온전한
장막으로 말미암아 염소와 송아지의 피로 하지 아니하고 오직
자기의 피로 영원한 속죄를 이루사 단번에 성소에 들어가셨느니라…
하물며 영원하신 성령으로 말미암아 흠 없는 자기를 하나님께 드린
그리스도의 피가 어찌 너희 양심을 죽은 행실에서 깨끗하게 하고
살아 계신 하나님을 섬기게 하지 못하겠느냐
이로 말미암아 그는 새 언약의 중보자시니
이는 첫 언약 때에 범한 죄에서 속량하려고 죽으사 부르심을
입은 자로 하여금 영원한 기업의 약속을 얻게 하려 하심이라…
율법을 따라 거의 모든 물건이 피로써 정결하게 되나니
피흘림이 없은즉 사함이 없느니라… 그리스도께서는 참 것의
그림자인 손으로 만든 성소에 들어가지 아니하시고
바로 그 하늘에 들어가사 이제 우리를 위하여
하나님 앞에 나타나시고
대제사장이 해마다 다른 것의 피로써 성소에 들어가는 것 같이

자주 자기를 드리려고 아니하실지니

그리하면 그가 세상을 창조한 때부터

자주 고난을 받았어야 할 것이로되

이제 자기를 단번에 제물로 드려

죄를 없이 하시려고 세상 끝에 나타나셨느니라

한 번 죽는 것은 사람에게 정해진 것이요 그 후에는 심판이 있으리니

이와 같이 그리스도도 많은 사람의 죄를 담당하시려고

단번에 드리신 바 되셨고 구원에 이르게 하기 위하여

죄와 상관 없이 자기를 바라는 자들에게 두 번째 나타나시리라

요한복음 19:30

예수께서 신 포도주를 받으신 후에 이르시되 다 이루었다

하시고 머리를 숙이니 영혼이 떠나가시니라

로마서 1:2~4

이 복음은 하나님이 선지자들을 통하여 그의 아들에 관하여

성경에 미리 약속하신 것이라 그의 아들에 관하여 말하면 육신으로는

다윗의 혈통에서 나셨고 성결의 영으로는 죽은 자들 가운데서

부활하사 능력으로 하나님의 아들로 선포되셨으니

곧 우리 주 예수 그리스도시니라

로마서 1:16,17

내가 복음을 부끄러워하지 아니하노니
이 복음은 모든 믿는 자에게 구원을 주시는 하나님의 능력이 됨이라
먼저는 유대인에게요 그리고 헬라인에게로다 복음에는
하나님의 의가 나타나서 믿음으로 믿음에 이르게 하나니 기록된 바
오직 의인은 믿음으로 말미암아 살리라 함과 같으니라

요한복음 3:3,5~8,13~17

예수께서 대답하여 이르시되 진실로 진실로 네게 이르노니
사람이 거듭나지 아니하면 하나님의 나라를 볼 수 없느니라…
예수께서 대답하시되 진실로 진실로 네게 이르노니
사람이 물과 성령으로 나지 아니하면 하나님의 나라에 들어갈 수
없느니라 육으로 난 것은 육이요 영으로 난 것은 영이니
내가 네게 거듭나야 하겠다 하는 말을 놀랍게 여기지 말라
바람이 임의로 불매 네가 그 소리는 들어도 어디서 와서 어디로
가는지 알지 못하나니 성령으로 난 사람도 다 그러하니라…
하늘에서 내려온 자 곧 인자 외에는 하늘에 올라간 자가 없느니라
모세가 광야에서 뱀을 든 것 같이 인자도 들려야 하리니
이는 그를 믿는 자마다 영생을 얻게 하려 하심이니라
하나님이 세상을 이처럼 사랑하사 독생자를 주셨으니

이는 그를 믿는 자마다 멸망하지 않고 영생을 얻게 하려 하심이라

하나님이 그 아들을 세상에 보내신 것은

세상을 심판하려 하심이 아니요

그로 말미암아 세상이 구원을 받게 하려 하심이라

갈라디아서 3:2~14

내가 너희에게서 다만 이것을 알려 하노니 너희가 성령을
받은 것이 율법의 행위로냐 혹은 듣고 믿음으로냐 너희가 이같이
어리석으냐 성령으로 시작하였다가 이제는 육체로 마치겠느냐
너희가 이같이 많은 괴로움을 헛되이 받았느냐 과연 헛되냐
너희에게 성령을 주시고 너희 가운데서 능력을 행하시는 이의 일이
율법의 행위에서냐 혹은 듣고 믿음에서냐
아브라함이 하나님을 믿으매
그것을 그에게 의로 정하셨다 함과 같으니라 그런즉 믿음으로
말미암은 자들은 아브라함의 자손인 줄 알지어다
또 하나님이 이방을 믿음으로 말미암아 의로 정하실 것을
성경이 미리 알고 먼저 아브라함에게 복음을 전하되
모든 이방인이 너로 말미암아 복을 받으리라 하였느니라
그러므로 믿음으로 말미암은 자는 믿음이 있는 아브라함과 함께
복을 받느니라 무릇 율법 행위에 속한 자들은 저주 아래에 있나니
기록된 바 누구든지 율법 책에 기록된 대로 모든 일을 항상
행하지 아니하는 자는 저주 아래에 있는 자라 하였음이라

또 하나님 앞에서 아무도 율법으로 말미암아 의롭게 되지 못할 것이
분명하니 이는 의인은 믿음으로 살리라 하였음이라
율법은 믿음에서 난 것이 아니니 율법을 행하는 자는 그 가운데서
살리라 하였느니라 그리스도께서 우리를 위하여 저주를 받은 바 되사
율법의 저주에서 우리를 속량하셨으니 기록된 바
나무에 달린 자마다 저주 아래에 있는 자라 하였음이라
이는 그리스도 예수 안에서 아브라함의 복이 이방인에게 미치게 하고
또 우리로 하여금 믿음으로 말미암아
성령의 약속을 받게 하려 함이라

골로새서 2:6~15

그러므로 너희가 그리스도 예수를 주로 받았으니 그 안에서
행하되 그 안에 뿌리를 박으며 세움을 받아 교훈을 받은 대로
믿음에 굳게 서서 감사함을 넘치게 하라
누가 철학과 헛된 속임수로 너희를 사로잡을까 주의하라
이것은 사람의 전통과 세상의 초등학문을 따름이요
그리스도를 따름이 아니니라 그 안에는 신성의 모든 충만이 육체로
거하시고 너희도 그 안에서 충만하여졌으니
그는 모든 통치자와 권세의 머리시라
또 그 안에서 너희가 손으로 하지 아니한 할례를 받았으니
곧 육의 몸을 벗는 것이요 그리스도의 할례니라 너희가 세례로
그리스도와 함께 장사되고 또 죽은 자들 가운데서 그를 일으키신

하나님의 역사를 믿음으로 말미암아

그 안에서 함께 일으키심을 받았느니라

또 범죄와 육체의 무할례로 죽었던 너희를

하나님이 그와 함께 살리시고

우리의 모든 죄를 사하시고

우리를 거스르고 불리하게 하는 법조문으로

쓴 증서를 지우시고 제하여 버리사 십자가에 못 박으시고

통치자들과 권세들을 무력화하여 드러내어 구경거리로 삼으시고

십자가로 그들을 이기셨느니라

마가복음 4:26~28

또 이르시되 하나님의 나라는 사람이 씨를 땅에 뿌림과 같으니

그가 밤낮 자고 깨고 하는 중에 씨가 나서 자라되

어떻게 그리 되는지를

알지 못하느니라 땅이 스스로 열매를 맺되 처음에는 싹이요

다음에는 이삭이요 그 다음에는 이삭에 충실한 곡식이라

고린도후서 4:16~18

그러므로 우리가 낙심하지 아니하노니 우리의 겉사람은

낡아지나 우리의 속사람은 날로 새로워지도다 우리가 잠시 받는

환난의 경한 것이 지극히 크고 영원한 영광의 중한 것을 우리에게
이루게 함이니 우리가 주목하는 것은
보이는 것이 아니요 보이지 않는 것이니
보이는 것은 잠깐이요 보이지 않는 것은 영원함이라

골로새서 3:10~17

새 사람을 입었으니 이는 자기를 창조하신 이의 형상을 따라
지식에까지 새롭게 하심을 입은 자니라
거기에는 헬라인이나 유대인이나 할례파나 무할례파나 야만인이나
스구디아인이나 종이나 자유인이 차별이 있을 수 없나니
오직 그리스도는 만유시요 만유 안에 계시니라
그러므로 너희는 하나님이 택하사 거룩하고 사랑 받는 자처럼
긍휼과 자비와 겸손과 온유와 오래 참음을 옷 입고
누가 누구에게 불만이 있거든 서로 용납하여 피차 용서하되
주께서 너희를 용서하신 것 같이 너희도 그리하고
이 모든 것 위에 사랑을 더하라 이는 온전하게 매는 띠니라
그리스도의 평강이 너희 마음을 주장하게 하라 너희는 평강을 위하여
한 몸으로 부르심을 받았나니 너희는 또한 감사하는 자가 되라
그리스도의 말씀이 너희 속에 풍성히 거하여
모든 지혜로 피차 가르치며
권면하고 시와 찬송과 신령한 노래를 부르며 감사하는 마음으로

하나님을 찬양하고 또 무엇을 하든지 말에나 일에나
다 주 예수의 이름으로 하고 그를 힘입어 하나님 아버지께 감사하라

요한복음 20:31

오직 이것을 기록함은 너희로 예수께서
하나님의 아들 그리스도이심을
믿게 하려 함이요 또 너희로 믿고
그 이름을 힘입어 생명을 얻게 하려 함이니라

요한복음 10:34,35

예수께서 가라사대 너희 율법에 기록한 바 내가 너희를
신이라 하였노라 하지 아니하였느냐 성경은 폐하지 못하나니
하나님의 말씀을 받은 사람들을 신이라 하셨거든

말세지말의 세상과
죄를 이기는 영적 전쟁승리

 지금은 성경에서 기록하는 말말세지말인 것이 너무나 확실하다. 다니엘서, 예레미야서, 에스겔서, 스가랴서, 마태복음, 베드로전후서, 요한계시록 … 등 모든 신구약 성경에서 기록된 말말세지말에 등장하는 바벨론음녀들과 두짐승들이 온 세계 국가들을 장악하여 인류를 파괴하고, 가정과 교회를 파괴하고, 국가와 세계를 파멸하는 현상들을 보고 있다.

 이러한 현상들은 성경에 기록되고 예언된 바벨론음녀들과 두짐승들에 대한 하나님의 지옥 불심판이 너무나 가깝다는 것이며, 예수님 재림과 천년왕국과 영원한 천국의 완성이 가깝다는 인류역사 종말복음을 전해야 할 시대이다.

 2008년 이전부터 빌리 그래함, 릭 워런, 슈마허, 김상복 등 국내외 전세계 신복음주의자들을 포함한 WEA 세계지도자들은 배후 카톨릭 교황, 울라프 등 WCC 세계지도자들과의 연합을 이미 선언하였으며, 결국은 한국교회 95% 이상의 교단들이 소속되어 있는 WCC WEA NCCK는 2013년 10월 29일 부산 벡스코에서 개최된 제10차 WCC 세계총회를 기점으로 아래에 기록된 제1차부터 제10차까지의 WCC선언문합의로 연합함으로써 하나님을 반역하고, 적그리스도 교황 위주의 공산화 세계종교통합과 바벨론음녀 NWO (New World Order) 세계짐승정부와의 노예서약에 합의하였다. 2014년 8월 바벨론 사탄종교 카톨릭 적그리스도 예수회 프란치스코 교황이 한국을 방문하는 시점을 전후하여 카톨릭과의 신앙직제일치 합의선언에 서명함으로써, 한국교회들과 세계교회들이 하나님 배도 반역과 적그리스도 짐승 정부와의 연합 합의를 전 세계 국가들 앞에서 공개적으로 천명한 것이다. 그리하여 2013년 10월 29일 부산 벡스코에서 개최된 제10차 WCC 세계총회 이후에 한국, 미국, 유럽 등 전 세계 국가들이 급속하게 요한계시록에 기록된 종말시대 바벨론 음녀와 적그리스도 거짓선지자 세계짐승정부로 진입하였다.

결과적으로 한국교회들과 세계교회들의 연합단체인 WEA WCC NCCK 로잔대회 등 세계대회 연합을 통하여 교계정치지도자들은 적그리스도 카톨릭 교황 위주의 종교다원주의 세계종교통합에 합의하였으며, WCC세계총회가 제1차부터 제10차까지 전 세계 국가들에 합의 선언하였던 용공주의 공산화 허용, 세상악 퇴치를 위한 무력투쟁, 사이비이단 종교허용과 종교혼합 다원주의, 해방신학, 막시즘 정의구현, 공산게릴라 지원, 동성애 차별금지법 허용, 오직 예수 그리스도 부인, 무속신앙 범신론, 일부다처제(이슬람) 묵인, 동성애성직자들을 지지하는 바벨론 사탄종교 적그리스도 교황 위주의 세계종교통합을 통한 세계짐승정부와의 노예계약이 확정된 것이다.

마라나타! 곧 재림해 오실 우리 주 예수님을 사모하고 기다리는 신부 영성의 교회들과 성도들은 적그리스도 예수회 교황과

WCC WEA로 연합하고 하나님을 반역하여 동성애 찬성 등 반인륜적이고 반성경적이고 종교다원주의 공산화종교통합을 추진함으로써 세계짐승정부(NWO)의 노예로 전락하는 말세지말에 타락한 음녀음행들을 조속히 중단하고 하나님 앞에서 회개함으로써 WCC WEA 탈퇴를 선언해야 한다.

WCC WEA 로잔대회 연합에 앞장섰던 한국교회 지도자들과 신학자들에 대하여는 우리 주 예수 그리스도의 이름으로 반드시 책임을 물어야 하며, 세계교회와 국가들 앞에서 공개적 절차를 통하여 회개와 탈퇴를 선포함으로써 전 세계 국가들의 모든 교회들도 하나님 반역과 적그리스도 세계짐승정부와의 연합에 의한 노예계약에 대하여 진정으로 회개하고 하나님께로 돌아서야 한다.

오직 성경(Sola Scriptura), 오직 그리스도(Solus Christus), 오직 은혜(Sola Gratia), 오직 믿음(Sola Fide), 오직 하나님께 영광(Soli Deo Gloria)의 종교개혁 5가지 신앙 원리와 성경적 완전한 천국복음에 기초하여 성령의 믿음으로 예수님을 믿고, 성경적 완전한 복음이자 새 언약인 생명의 성령의 법, 예수 그리스도의 법, 성령의 믿음으로 날마다 지상 천국의 삶을 살아야 하며, 마라나타! 곧 재림해 오실 신랑 예수 그리스도를 맞이할 수 있도록 성령의 기름을 준비한 신부 신앙의 하나님 아들들이어야 한다.

하나님께서는 항상 예수 이름으로 세상과 죄와 사탄을 이기게 하신다. 하나님의 전신갑주를 입고서 세상 죄와 싸운다면 항상 승리할 수가 있다. 예수님의 십자가 죽음과 부활의 능력으로 인하여 성령으로 거듭난 성도들은 새 언약인 예수 그리스도의 법으로 모든 삶에서 항상 승리가 확정되었다.

하나님이 성령으로 낳은 성도는 예수 그리스도를 믿음으로 예수 십자가에서 예수와 함께 죄와 율법의 정죄에 대하여 죽었고, 예수 그리스도와 함께 이미 음부에 장사가 되었으며, 예수 그리스도의 부활과 함께 연합하여 영이 부활하여 하나님의 아들들로 재창조가 되었으며, 이후로는 거듭난 영을 따라서 사는 새 피조물이 되었기에, 날마다 옛 자아인 육신에 패하여 사는 것이 아니라, 하나님의 성령과 하나가 되어서 영과 혼과 육이 하나님 나라를 살아가는 천국 백성인 것이다. 천국의 대사들이 된 것이고 하나님 아들들이 된 것이다.

예수 그리스도 이름의 믿음으로 사는 성도는 언제나 그리스도의 군사이다. 모든 영적 전투에서 예수 이름으로 사탄 마귀 죄를 꾸짖고 명령할 수 있다. 사탄 마귀가 패하고 떠나간 세상역사에는 언제나 하나님의 영광이 임한다. 영적 전쟁의 승리들로 인하여 믿음은 성장하고 천국의 상급은 배가된다.

모든 상황에서 자신의 힘의 부족과 연약함과 불가능을 인정하고, 예수님을 믿음으로 의지할 때에 성령님의 능력으로 언제나 충만해 진다. 더 이상 세상과 죄와 사탄 마귀는 두려움의 대상이 아니고 승리의 상급이다. 예수님 승리는 이미 확정적이며 예수님 앞에서 사탄마귀는 100% 패배이다.

성령으로 거듭난 하나님의 자녀들은 누구나 예수 그리스도의 믿음으로 온전한 성경적 복음에 굳게 서서, 내 몸을 교회와 성전 삼아서 내주하신 예수 그리스도의 이름으로 말에나 일에나 항상 성령의 믿음으로 승리하게 된다.

예수 그리스도의 옷을 입고 살아가는 하나님 자녀들은 예수님의 몸이고 하나님의 성전이고 성령임재의 교회이기에 아침에 일어나서 밤중에 잠자고 다음날 일어나는 그 순간까지 매일 숨 쉬고, 세수하고, 기도하고, 밥 먹고, 예배하고, 잠자고, 말하고, 대화하고, 위로하고, 보고, 듣고, 사업하고, 행동하고, 운동하고, 치료하고, 찬양하고, 공부하고, 독서하고, 묵상하고, 성경 읽고, 사랑하고, … 하나님 동행하는 모든 삶들을 항상 머리가 되시고 생명이시고 여호와 닛시(승리)이신 예수 그리스도의 영(마음,생각)으로 살면서 영원토록 승리한다.

골로새서 3:16,17

그리스도의 말씀이 너희 속에 풍성히 거하여
모든 지혜로 피차 가르치며 권면하고 시와 찬미와 신령한
노래를 부르며 마음에 감사함으로 하나님을 찬양하고

또 무엇을 하든지 말에나 일에나 다 주 예수의 이름으로 하고
그를 힘입어 하나님 아버지께 감사하라

골로새서 3:9,10,12

너희가 서로 거짓말을 말라 옛 사람과 그 행위를 벗어 버리고
새 사람을 입었으니 이는 자기를 창조하신 자의 형상을 좇아
지식에까지 새롭게 하심을 받는 자니라…
그러므로 너희는 하나님의 택하신 거룩하고 사랑하신 자처럼
긍휼과 자비와 겸손과 온유와 오래 참음을 옷 입고

예레미야 23:29

나 여호와가 말하노라 내 말이 불 같지 아니하냐
반석을 쳐서 부스러뜨리는 방망이 같지 아니하냐

에베소서 6:10~18

종말로 너희가 주 안에서와 그 힘의 능력으로 강건하여지고
마귀의 궤계를 능히 대적하기 위하여 하나님의 전신갑주를 입으라

우리의 씨름은 혈과 육에 대한 것이 아니요 정사와 권세와
이 어두움의 세상 주관자들과 하늘에 있는 악의 영들에게 대함이라
그러므로 하나님의 전신갑주를 취하라 이는 악한 날에
너희가 능히 대적하고 모든 일을 행한 후에 서기 위함이라
그런즉 서서 진리로 너희 허리 띠를 띠고 의의 흉배를 붙이고
평안의 복음의 예비한 것으로 신을 신고
모든 것 위에 믿음의 방패를 가지고
이로써 능히 악한 자의 모든 화전을 소멸하고
구원의 투구와 성령의 검 곧 하나님의 말씀을 가지라
모든 기도와 간구로 하되 무시로 성령 안에서 기도하고

마태복음 21:21

예수께서 대답하여 가라사대 내가 진실로 너희에게 이르노니
만일 너희가 믿음이 있고 의심치 아니하면
이 무화과나무에게 된 이런 일만 할 뿐 아니라
이 산더러 들려 바다에 던지우라 하여도 될 것이요

마가복음 11:23

내가 진실로 너희에게 이르노니
누구든지 이 산더러 들리어 바다에 던지우라 하며
말하는 것이 이룰 줄 믿고 마음에 의심치 아니하면 그대로 되리라

히브리서 11:1,2,3,6

믿음은 바라는 것들의 실상이요
보지 못하는 것들의 증거니 선진들이 이로써 증거를 얻었느니라
믿음으로 모든 세계가 하나님의 말씀으로 지어진 줄을 우리가 아나니
보이는 것은 나타난 것으로 말미암아 된 것이 아니니라…
믿음이 없이는 기쁘시게 못하나니 하나님께 나아가는 자는
반드시 그가 계신 것과 또한 그가 자기를 찾는 자들에게
상 주시는 이심을 믿어야 할찌니라

베드로전서 4:7

만물의 마지막이 가까웠으니 그러므로
너희는 정신을 차리고 근신하여 기도하라

마태복음 24:3~16

예수께서 감람산 위에 앉으셨을 때에 제자들이 종용히 와서 가로되
우리에게 이르소서 어느 때에 이런 일이 있겠사오며
또 주의 임하심과 세상 끝에는 무슨 징조가 있사오리이까
예수께서 대답하여 가라사대
너희가 사람의 미혹을 받지 않도록 주의하라
많은 사람이 내 이름으로 와서 이르되
나는 그리스도라 하여 많은 사람을 미혹케 하리라
난리와 난리 소문을 듣겠으나 너희는 삼가 두려워 말라
이런 일이 있어야 하되 끝은 아직 아니니라
민족이 민족을, 나라가 나라를 대적하여 일어나겠고
처처에 기근과 지진이 있으리니 이 모든 것이 재난의 시작이니라
그 때에 사람들이 너희를 환난에 넘겨 주겠으며 너희를 죽이리니
너희가 내 이름을 위하여 모든 민족에게 미움을 받으리라
그 때에 많은 사람이 시험에 빠져 서로 잡아 주고 서로 미워하겠으며
거짓 선지자가 많이 일어나 많은 사람을 미혹하게 하겠으며
불법이 성하므로 많은 사람의 사랑이 식어지리라
그러나 끝까지 견디는 자는 구원을 얻으리라
이 천국 복음이 모든 민족에게 증거되기 위하여
온 세상에 전파되리니 그제야 끝이 오리라
그러므로 너희가 선지자 다니엘의 말한 바 멸망의 가증한
것이 거룩한 곳에 선 것을 보거든(읽는 자는 깨달을찐저)
그 때에 유대에 있는 자들은 산으로 도망할찌어다

요한계시록 19:19~21

또 내가 보매 그 짐승과 땅의 임금들과 그 군대들이

모여 그 말 탄 자와 그의 군대로 더불어 전쟁을 일으키다가

짐승이 잡히고 그 앞에서 이적을 행하던

거짓 선지자도 함께 잡혔으니

이는 짐승의 표를 받고 그의 우상에게 경배하던 자들을 이적으로

미혹하던 자라 이 둘이 산 채로 유황불 붙는 못에 던지우고

그 나머지는 말 탄 자의 입으로 나오는 검에 죽으매

모든 새가 그 고기로 배불리우더라

영과 혼과 몸

 사람은 하나님 형상인 영spirit과 혼soul과 육body의 존재 being이다. 진화론 불신자들이 말하는 진화된 동물이 아니며 진화론은 100% 거짓이다.

 일반적으로 국내외 전 세계 신학자들과 교계 지도자들 중에는 신앙의 노선에 따라서 "영혼"과 "육체"로 구분하는 이분설을 믿기도 하고, "영"과 "혼"과 "육"으로 구분하는 삼분설을 믿고 따르는 사람들이 있다. 필자는 삼분설에 기초한 신앙을 기준하여 이 책을 기록하고 있으며, 사람의 영은 독립적으로 활동하거나 존재할 수 있는 것이 결코 아니다. 하나님 성령으로 하나가 되거나, 혹은 사탄(마귀,귀신)의 집이 되거나, 혹은 잠시 동안 비워진 상태로 존재하는 것으로 성경은 기록한다.

 사람의 영이란?
성령님을 담는 질그릇(vessels)과 같은 형태이다. 이로 인하여 이분설과 삼분설의 해석이 모두 가능할 수 있다고 본다. 하나님께서는 성령으로 하나된 사람을 살아있는 혼(living soul)이라 하며, 육체는 살았지만 하나님 영이 없는 사람은 죽은 혼(dead soul)이다. 성령으로 사는 산 혼은 사람이고, 죽은 혼으로 사는 자를 짐승이라 한다. 정상적인 기능의 사람으로 살기 위해서는 반드시 성령으로 살아가야 한다.

이분설을 주장하는 입장에서는 사람의 영과 혼을 구분없이 영혼이라고 통칭함으로써 사람의 혼은 항상 영으로 연합되어 있음을 말하는 것이며, 삼분설을 주장하는 입장에서는 영과 혼을 분리하여 설명코자 함이다. 성부와 성자와 성령의 삼위일체 하나님 신비와도 유사한 기능이다.

이분설과 삼분설 중에서 성경의 진리를 더욱 잘 이해할 수 있을 것인지? 에 대한 결과는 각자의 선택에 따라서 차이로 나타날 것이다. 그렇다 하더라도 서로 다른 해석들을 이단으로 정죄해서는 안된다.

하나님의 영(성령)과 사탄(악령)과는 별개로 각 사람들의 독자적인 영이 존재하는 것으로 성경을 해석하는 것은 지극히 위험한 해석이다. 이러한 잘못된 해석들로 인하여 귀신론 유교제사 등 수많은 반기독교 이단들과 영지주의 이단들과 범신론 다원주의 종교들이 발생하였다. 사람의 영혼은 항상 하나님 성령과 연합하여야 정상적일 수 있다.

예수 그리스도 십자가 죽음과 오순절 이후, 성령의 믿음으로 거듭난 성도의 영(그릇)안에는 하나님의 성령이 주인으로 내주하여 혼과 육을 항상 인도한다. 그래서 성령으로 거듭난 성도는 자신 몸(성전)에 있는 성자 예수 그리스도의 영(성령)으로 인하여 완전한 율법들이 살아지는 하나님 나라를 살게 된다.

거듭나지 않은 불신자들의 영(그릇)은 하나님께서 허락한 범위 안에서 사탄(마귀,귀신) 무리들이 들락날락하면서 불신자들의 혼과 육을 주관한다. 불신자들 중에서 무당 영매 테마사 등 일부 사람들의 영(그릇)안에서는 사탄(마귀,귀신)이 하나님의 허락 범위 안에서 그들을 크게 장악하여 거짓과 병마와 잔혹함과 미혹과 죄악들이 주장하여 행동하게 한다.

 사랑이시고 전지전능하신 하나님(예수)께서는 사탄(마귀,귀신)의 반복되는 지배로 인하여 사탄(마귀)과 죄의 종으로 사는 인생들을 완전하게 구원하기 위하여, 완전한 하나님이자 완전한 사람으로 오셔서, 인간들의 모든 죄짐들을 전가(안수)하여, 불뱀(짐승) 죄인이 되셔서, 나무(십자가)에 메달려서 대신 죽으심으로써, 주를 믿는 모든 사람들의 죄값인 사망을 대속하셨다.
 이 위대한 하나님의 십자가 사랑을 마음으로 믿고 입으로 시인하는 모든 사람들의 영(그릇)에 예수님의 영이 임재 내주하는 것이 거듭남이다.

 학문적으로 신학을 공부하거나 전 세계의 관련된 성경 해석들을 광범위하게 전문적으로 연구 분석하지 못한 필자로서는 필자와 동일하게 해석하는 성경 전문가가 있는지에 대하여는 잘 알지를 못한다. 지금부터라도 능력이 있는 신학자들과 교계 지도자들께서는 필자의 다양한 주장들에 대하여, 좀 더 심도 깊은 성경 해석들과 성경 연구들을 진행하여, 하나님 교회가 완전한 성경적 복음의 진리로 더욱 더 크게 발전되고 교회 정체성이 회복될 수 있기를 기대한다.

 하나님 성령으로 거듭난 성도일지라도 자신 안에 있는 영의 기능을 바르게 이해하지 못하여 영(성령)으로 살지 않으면, 옛 자아 육신(육,혼)으로 인하여 사탄과 세상과 죄를 이길 수 없고, 하나님 나라(천국)를 살아갈 수가 없다.

영이신 하나님과의 만남은 언제나 오직 거듭난 영으로만 이루어질 수 있다. 사람의 옛 자아, 육과 혼으로는 하나님을 만나거나 교제할 수가 없다.

육은 거울을 통하여 간접적으로 자신의 외모만을 볼 수 있고, 오감을 통하여 외부적 상황들을 어느 정도 느끼고 반응할 수가 있다. 혼은 자신 내면의 마음과 생각과 양심과 지식과 감정과 의지를 알 수 있다. 타인의 육과 혼에 대하여는 자신의 육과 혼이 표면적 또는 부분적으로 상대를 경험하고 접촉하는 가운데 일부분만을 서로가 이해할 수 있다.

사람의 혼을 일반적으로 인격, 얼, 또는 그 사람의 정체성이라고 한다.

사람의 영은 하나님 성령의 능력으로 재창조되고 거듭날 때까지는 자신의 영(그릇)이 원죄와 자범죄로 인하여 하나님 영으로부터 죽은 상태이기에 하나님이 허락한 범위안에서 거의 항상 사탄.마귀.귀신의 지배하에서 살아가고 있다.

하나님 성령으로 자신의 영(그릇)이 거듭난 이후에는 거듭난 사람의 영은 영원히 죽지 않고 성전(몸)된 교회안에서 성령으로 하나가 되어서 살게 된다.

성령으로 거듭난 사람은 자신의 영이 진리의 성경 말씀을 기준하여 때에 따라서 직관과 양심과 마음과 생각 등 다양한 영과 혼과 육적인 기능들을 통하여 하나님을 알게 되고 성령의 믿음으로 살게 된다.

하나님 성령으로 재창조 거듭 태어났다는 것은 혼과 육은 아직 아니고, 영이 부활하신 예수님 성령의 내주로 연합하여 부활하여 살아났다는 것이고, 성령님 인도에 의해서 영이 기능하는 정상적인 혼(living soul)이 된 것이다.

영은 거듭나는 순간부터 하나님 영의 능력으로 인하여 완전하게 살아났지만, 혼과 육은 아직은 완전하게 거듭난 것은 아니다. 그러나 아직은 완전하게 새롭게 변화되지는 않았다고 할지라도 거듭난 영(성령)으로 인도를 받을 수 있는 새 사람(새자아,새피조물,속사람)이 되었기에, 거듭나기 전 구습의 육신(육,혼)을 따라가는 옛사람(옛자아,겉사람)을 벗어 버리고 항상 거듭난 영(성령)을 따라서 믿음으로 순종하는 삶을 살 수 있게 되었다.

예수님 재림의 날에 부활체 또는 휴거체가 되는 그 날까지는 성도는 매일 매순간 성령의 믿음에 따라서 영(마음)을 새롭게 함으로써 죄로 죽은 옛 자아 육신은 항상 산 제사로 죽고 영으로 살아야 한다. 성도가 거듭난 영의 믿음으로 세상을 사는 동안에는 새 자아의 혼과 육은 거듭난 영의 좋은 영향으로 인하여 세상 삶의 많은 면에서 새롭게 변화되고 개선되는 성화 과정들이 있을 것이며, 아직은 완전한 혼과 육의 기능을 기대할 수는 없을지라도 거듭나기 이전에 육신을 따라서 살아가는 옛 자아(본성)에 비하면 재창조된 새 자아는 거듭난 이후에는 항상 성령의 믿음을 따라서 살아가기에 예전과는 확연하게 변화된 성령의 사람으로서 항상 하나님 나라를 살게 된다. 새 자아의 혼과 육의 완전한 성화는 예수님께서 약속하신 예수님 재림의 시점에서 순식간에 부활체로 부활하거나 휴거체로 변화하게 된다.

마태복음 12:43~45

더러운 귀신이 사람에게서 나갔을 때에 물 없는 곳으로 다니며
쉬기를 구하되 얻지 못하고 이에 가로되
내가 나온 내 집으로 돌아가리라 하고 와 보니
그 집이 비고 소제되고 수리되었거늘
이에 가서 저보다 더 악한 귀신 일곱을 데리고 들어가서 거하니
그 사람의 나중 형편이 전보다 더욱 심하게 되느니라
이 악한 세대가 또한 이렇게 되리라

누가복음 11:24

더러운 귀신이 사람에게서 나갔을 때에 물 없는 곳으로 다니며
쉬기를 구하되 얻지 못하고 이에 가로되
내가 나온 내 집으로 돌아가리라 하고

마가복음 7:29

예수께서 가라사대 이 말을 하였으니
돌아가라 귀신이 네 딸에게서 나갔느니라 하시매

이사야 45:9

질그릇 조각 중 한 조각 같은 자가
자기를 지으신 자로 더불어 다툴찐대
화 있을찐저 진흙이 토기장이를 대하여
너는 무엇을 만드느뇨 할 수 있겠으며
너의 만든 것이 너를 가리켜 그는 손이 없다 할 수 있겠느뇨

시편 49:12,20

사람은 존귀하나 장구치 못함이여 멸망하는 짐승 같도다…
존귀에 처하나 깨닫지 못하는 사람은 멸망하는 짐승 같도다

잠언 30:2

나는 다른 사람에게 비하면 짐승이라
내게는 사람의 총명이 있지 아니하니라

예레미야 31:27

여호와께서 가라사대 보라 내가 사람의 씨와 짐승의 씨를
이스라엘 집과 유다 집에 뿌릴 날이 이르리니

유다서 1:10

이 사람들은 무엇이든지 그 알지 못하는 것을 훼방하는도다
또 저희는 이성 없는 짐승같이 본능으로 아는 그것으로 멸망하느니라

고린도후서 4:7

우리가 이 보배를 질그릇에 가졌으니 이는 능력의 심히 큰 것이
하나님께 있고 우리에게 있지 아니함을 알게 하려 함이라

디모데후서 2:20

큰 집에는 금과 은의 그릇이 있을 뿐 아니요
나무와 질그릇도 있어 귀히 쓰는 것도 있고 천히 쓰는 것도 있나니

민수기 21:8

여호와께서 모세에게 이르시되 불뱀을 만들어
장대 위에 달라 물린 자마다 그것을 보면 살리라

로마서 10:10

사람이 마음으로 믿어 의에 이르고
입으로 시인하여 구원에 이르느니라

요한복음 4:24

하나님은 영이시니 예배하는 자가 영과 진리로 예배할지니라

고린도후서 5:16,17

그러므로 우리가 이제부터는 어떤 사람도 육신을 따라 알지
아니하노라 비록 우리가 그리스도도 육신을 따라 알았으나
이제부터는 그같이 알지 아니하노라
그런즉 누구든지 그리스도 안에 있으면
새로운 피조물이라 이전 것은 지나갔으니 보라 새 것이 되었도다

사무엘상 16:7

여호와께서 사무엘에게 이르시되 그의 용모와 키를 보지 말라
내가 이미 그를 버렸노라 내가 보는 것은 사람과 같지 아니하니
사람은 외모를 보거니와 나 여호와는 중심을 보느니라 하시더라

로마서 3:19~24

우리가 알거니와 무릇 율법이 말하는 바는
율법 아래에 있는 자들에게 말하는 것이니 이는 모든 입을 막고
온 세상으로 하나님의 심판 아래에 있게 하려 함이라
그러므로 율법의 행위로
그의 앞에 의롭다 하심을 얻을 육체가 없나니
율법으로는 죄를 깨달음이니라
이제는 율법 외에 하나님의 한 의가 나타났으니
율법과 선지자들에게 증거를 받은 것이라
곧 예수 그리스도를 믿음으로 말미암아
모든 믿는 자에게 미치는 하나님의 의니 차별이 없느니라
모든 사람이 죄를 범하였으매 하나님의 영광에 이르지 못하더니
그리스도 예수 안에 있는 속량으로 말미암아
하나님의 은혜로 값 없이 의롭다 하심을 얻은 자 되었느니라

로마서 5:12~21

그러므로 한 사람으로 말미암아 죄가 세상에 들어오고
죄로 말미암아 사망이 들어왔나니
이와 같이 모든 사람이 죄를 지었으므로
사망이 모든 사람에게 이르렀느니라
죄가 율법 있기 전에도 세상에 있었으나

율법이 없었을 때에는 죄를 죄로 여기지 아니하였느니라
그러나 아담으로부터 모세까지
아담의 범죄와 같은 죄를 짓지 아니한 자들까지도
사망이 왕 노릇 하였나니 아담은 오실 자의 모형이라
그러나 이 은사는 그 범죄와 같지 아니하니
곧 한 사람의 범죄를 인하여 많은 사람이 죽었은즉
더욱 하나님의 은혜와 또한 한 사람
예수 그리스도의 은혜로 말미암은 선물은
많은 사람에게 넘쳤느니라 또 이 선물은
범죄한 한 사람으로 말미암은 것과 같지 아니하니
심판은 한 사람으로 말미암아 정죄에 이르렀으나
은사는 많은 범죄로 말미암아 의롭다 하심에 이름이니라
한 사람의 범죄로 말미암아
사망이 그 한 사람을 통하여 왕 노릇 하였은즉
더욱 은혜와 의의 선물을 넘치게 받는 자들은
한 분 예수 그리스도를 통하여 생명 안에서 왕 노릇 하리로다
그런즉 한 범죄로 많은 사람이 정죄에 이른 것 같이
한 의로운 행위로 말미암아 많은 사람이 의롭다 하심을 받아
생명에 이르렀느니라
한 사람이 순종하지 아니함으로 많은 사람이 죄인 된 것 같이
한 사람이 순종하심으로 많은 사람이 의인이 되리라
율법이 들어온 것은 범죄를 더하게 하려 함이라 그러나
죄가 더한 곳에 은혜가 더욱 넘쳤나니 이는 죄가 사망 안에서
왕 노릇 한 것 같이 은혜도 또한 의로 말미암아 왕 노릇 하여
우리 주 예수 그리스도로 말미암아 영생에 이르게 하려 함이라

고린도전서 15:31

형제들아 내가 그리스도 예수 우리 주 안에서 가진 바
너희에게 대한 나의 자랑을 두고 단언하노니 나는 날마다 죽노라

로마서 12:1

그러므로 형제들아 내가 하나님의 모든 자비하심으로 너희를
권하노니 너희 몸을 하나님이 기뻐하시는 거룩한 산 제사로 드리라
이는 너희의 드릴 영적 예배니라

데살로니가전서 5:23,24

평강의 하나님이 친히 너희를 온전히 거룩하게 하시고
또 너희의 온 영spirit과 혼soul과 몸body이 우리 주 예수
그리스도께서 강림하실 때에 흠 없게 보전되기를 원하노라
너희를 부르시는 이는 미쁘시니 그가 또한 이루시리라

1 Thessalonians 5:23,24 / WEB

May the God of peace himself sanctify you completely.
May your whole spirit, soul,

and body be preserved blameless
at the coming of our Lord Jesus Christ.
He who calls you is faithful, who will also do it.

1 Thessalonians 5:23,24 / KJV

And the very God of peace sanctify you wholly;
and I pray God your whole spirit and soul
and body be preserved blameless
unto the coming of our Lord Jesus Christ.
Faithful is he that calleth you, who also will do it.

히브리서 4:12

하나님의 말씀은 살았고 운동력이 있어 좌우에 날선
어떤 검보다도 예리하여 혼soul과 영spirit과 및 관절과 골수를
찔러 쪼개기까지 하며 또 마음의 생각과 뜻을 감찰하나니

요한복음 4:24

하나님은 영Spirit이시니
예배하는 자가 영spirit과 진리truth로 예배할지니라

John 4:24 / KJV

God is a Spirit: and they that worship him
must worship him in spirit and in truth.

고린도전서 15:51~54

보라 내가 너희에게 비밀을 말하노니 우리가 다 잠 잘 것이 아니요
마지막 나팔에 순식간에 홀연히 다 변화되리니
나팔 소리가 나메 죽은 자들이 썩지 아니할 것으로 다시 살아나고
우리도 변화되리라 이 썩을 것이 반드시 썩지 아니할 것을 입겠고
이 죽을 것이 죽지 아니함을 입으리로다
이 썩을 것이 썩지 아니함을 입고
이 죽을 것이 죽지 아니함을 입을 때에는
사망을 삼키고 이기리라고 기록된 말씀이 이루어지리라

데살로니가전서 4:14~17

우리가 예수께서 죽으셨다가 다시 살아나심을 믿을진대 이와 같이
예수 안에서 자는 자들도 하나님이 그와 함께 데리고 오시리라
우리가 주의 말씀으로 너희에게 이것을 말하노니
주께서 강림하실 때까지
우리 살아 남아 있는 자도 자는 자보다 결코 앞서지 못하리라
주께서 호령과 천사장의 소리와
하나님의 나팔 소리로 친히 하늘로부터 강림하시리니
그리스도 안에서 죽은 자들이 먼저 일어나고 그 후에
우리 살아 남은 자들도 그들과 함께 구름 속으로 끌어 올려
공중에서 주를 영접하게 하시리니
그리하여 우리가 항상 주와 함께 있으리라

고린도전서 15:40~54

하늘에 속한 형체도 있고 땅에 속한 형체도 있으나
하늘에 속한 것의 영광이 따로 있고
땅에 속한 것의 영광이 따로 있으니
해의 영광이 다르고 달의 영광이 다르며 별의 영광도 다른데
별과 별의 영광이 다르도다 죽은 자의 부활도 그와 같으니
썩을 것으로 심고 썩지 아니할 것으로 다시 살아나며
욕된 것으로 심고 영광스러운 것으로 다시 살아나며

약한 것으로 심고 강한 것으로 다시 살아나며
육의 몸으로 심고 신령한 몸으로 다시 살아나나니
육의 몸이 있은즉 또 영의 몸도 있느니라
기록된 바 첫 사람 아담은 생령이 되었다 함과 같이
마지막 아담은 살려 주는 영이 되었나니
그러나 먼저는 신령한 사람이 아니요 육의 사람이요
그 다음에 신령한 사람이니라
첫 사람은 땅에서 났으니 흙에 속한 자이거니와
둘째 사람은 하늘에서 나셨느니라
무릇 흙에 속한 자들은 저 흙에 속한 자와 같고
무릇 하늘에 속한 자들은 저 하늘에 속한 이와 같으니
우리가 흙에 속한 자의 형상을 입은 것 같이
또한 하늘에 속한 이의 형상을 입으리라
형제들아 내가 이것을 말하노니
혈과 육은 하나님 나라를 이어 받을 수 없고
또한 썩는 것은 썩지 아니하는 것을 유업으로 받지 못하느니라
보라 내가 너희에게 비밀을 말하노니 우리가 다 잠 잘 것이 아니요
마지막 나팔에 순식간에 홀연히 다 변화되리니
나팔 소리가 나매 죽은 자들이 썩지 아니할 것으로 다시 살아나고
우리도 변화되리라 이 썩을 것이 반드시 썩지 아니할 것을 입겠고
이 죽을 것이 죽지 아니함을 입으리로다
이 썩을 것이 썩지 아니함을 입고
이 죽을 것이 죽지 아니함을 입을 때에는 사망을 삼키고
이기리라고 기록된 말씀이 이루어지리라

고린도전서 13:12

우리가 지금은 거울로 보는 것 같이 희미하나 그 때에는
얼굴과 얼굴을 대하여 볼 것이요 지금은 내가 부분적으로 아나
그 때에는 주께서 나를 아신 것 같이 내가 온전히 알리라

모든 사람들의 영(그릇)에는 하나님의 성령으로 충만하지 아니하면 사악한 사탄(마귀,귀신)의 영이 하나님 허락한 한도 안에서 순간적으로 각 사람들에게 임재하여 그의 영혼과 육체를 지배할 수 있기에 모든 사람들은 언제나 하나님의 신(성령)으로 살아야 정상적인 참 사람의 인격의 삶을 살아 갈 수가 있는 것이다. 성경에 나오는 예수님의 수제자인 베드로 일지라도 인간적인 자기 의와 생각으로 치우칠 때에 사탄이 급속하게 베드로의 영과 혼과 육을 장악하였으며, 12제자 중 1명인 가룟 유다는 예수님과 함께 동거동락하는 제자이었지만 돈을 받고서 예수님을 팔아 넘기는 사탄의 일에 쓰임을 받는 자가 되었다.

마태복음 12:43~45

더러운 귀신이 사람에게서 나갔을 때에 물 없는 곳으로 다니며
쉬기를 구하되 얻지 못하고 이에 가로되
내가 나온 내 집으로 돌아가리라
하고 와 보니 그 집이 비고 소제되고 수리되었거늘 이에 가서 저보다
더 악한 귀신 일곱을 데리고 들어가서 거하니 그 사람의 나중 형편이
전보다 더욱 심하게 되느니라 이 악한 세대가 또한 이렇게 되리라

마태복음 16:23

예수께서 돌이키시며 베드로에게 이르시되
사단아 내 뒤로 물러가라 너는 나를 넘어지게 하는 자로다
네가 하나님의 일을 생각지 아니하고 도리어
사람의 일을 생각하는도다 하시고

요한복음 13:2

마귀가 벌써 시몬의 아들 가룟 유다의 마음에
예수를 팔려는 생각을 넣었더니

요한복음 13:21

예수께서 이 말씀을 하시고 심령에 민망하여 증거하여 가라사대
내가 진실로 진실로 너희에게 이르노니
너희 중 하나(유다)가 나를 팔리라 하시니

성령으로 거듭난 성도의 영은 예수님과 일체로 살아난 완전한 영이다. 하나님 영은 완전하시니 성령으로 거듭나고 성전된 성도의 몸 안에서 하나로 내주하시는 성령으로 사는 동안은 새 자아인 영과 혼과 육이 완전하다. 성도는 항상 생명의 성령의 법, 예수 그리스도의 법을 영으로 살아가게 된다.

영은 완전하게 거듭나고 새 자아의 혼과 육으로 살아가야 하겠지만, 옛 자아 혼과 육의 장애가 남아 있기에 날마다 옛 자아 육신은 죽어야 한다.

예수님 재림의 날까지는 구속의 상태이기에 항상 어디서나 무엇을 하던지 거듭난 영을 따라서 새 자아로 살 수 있도록 성령의 믿음으로 기도해야 한다.

육과 혼은 거듭나기 이전의 옛 자아에 익숙이 되어 있어서 모든 상황에서 예수님 십자가 능력을 의지하는 믿음으로써 이미 죽은 옛 자아를 매순간 영(마음)으로 죽이고, 영(성령)의 새 자아가 원하는 믿음의 삶을 육신(혼,육)으로 살아야 한다.

거듭난 영은 성령의 감동(마음)으로 하나님의 뜻을 알 수가 있다. 성도는 영(성령)의 기도를 통하여 모든 상황에서 하나님과 사탄을 잘 구분할 수가 있으며, 정확한 기준(canon)은 항상 성경 말씀이어야 한다. 영으로 올바르게 알고 지키려면 언제나 성경 말씀에 집중해야 한다. 하나님 말씀이 곧 영이고 생명이고 영적인 거울이다.

성령으로 거듭난 영의 사람은 누구나 모든 시간과 모든 상황에서 항상 성경에 기록된 성령의 열매인 사랑과 희락과 화평과 오래 참음과 자비와 양선과 충성과 온유와 절제가 성령으로 살아지게 되어 있다. 거듭난 영은 성령과 하나이기에 믿음 안에서 언제나 완전한 상태이다.

사람은 영이고, 지식 감정 의지 부분에서 혼의 기능이 있으며, 육체인 몸 안에서 영과 혼의 실제가 있다. 거듭난 영이 참 생명이다. 하나님의 영(생기,호흡)만이 우리 인간의 영혼을 살릴 수가 있다. 육체를 흙으로 지으시고 하나님의 생기(호흡)를 불어넣으시니 살아있는 혼(living soul)이 되었다. 결과적으로 모든 인간은 하나님의 생기(영)이 없으면 사람의 영과 혼과 육은 하나님 앞에서 완전히 비정상이고 죽은 상태이다. 하나님 영으로 거듭나지 않은 사람은 하나님으로부터 죽어 있다.

 아담의 선악과 원죄로 인하여 아담 이후 모든 사람은 영이 죽어 있다. 영이 사라진 것이 아니라 죄로 인하여 하나님 영(생기, 호흡)이 떠나므로 하나님 영이 없어서 영이 죽은 상태(사탄의 죄육신)인 것이다. 성경은 모든 거듭나지 않은 사람들의 영은 죽었다고 말한다. 영의 죽음은 곧 하나님으로부터 분리이고 단절이다.

데살로니가전서 5:23,24

평강의 하나님이 친히 너희를 온전히 거룩하게 하시고
또 너희의 온 영과 혼과 몸이 우리 주 예수 그리스도께서
강림하실 때에 흠 없게 보전되기를 원하노라
너희를 부르시는 이는 미쁘시니 그가 또한 이루시리라

야고보서 1:21

그러므로 모든 더러운 것과 넘치는 악을 내버리고
너희 영혼souls을 능히 구원할 바
마음에 심어진 말씀을 온유함으로 받으라

James 1:21 / WEB

Therefore, putting away all filthiness
and overflowing of wickedness,
receive with humility the implanted word,
which is able to save your souls.

베드로전서 1:7~9

너희 믿음의 확실함은 불로 연단하여도 없어질 금보다 더 귀하여
예수 그리스도께서 나타나실 때에
칭찬과 영광과 존귀를 얻게 할 것이니라
예수를 너희가 보지 못하였으나 사랑하는도다
이제도 보지 못하나
믿고 말할 수 없는 영광스러운 즐거움으로 기뻐하니
믿음의 결국 곧 영혼souls의 구원을 받음이라

1 Peter 1:7~9 / WEB

that the proof of your faith,
which is more precious than gold
that perishes even though it is tested by fire,
may be found to result in praise, glory, and honor
at the revelation of Jesus Christ
whom not having known you love;
in whom, though now you don't see him,
yet believing, you rejoice greatly with joy unspeakable
and full of glory receiving the result of your faith,
the salvation of your souls.

요한복음 3:5~8

예수께서 대답하시되 진실로 진실로 네게 이르노니
사람이 물과 성령the Spirit으로 나지 아니하면
하나님의 나라에 들어갈 수 없느니라
육으로 난 것은 육이요 영Spirit으로 난 것은 영spirit이니
내가 네게 거듭나야 하겠다 하는 말을 놀랍게 여기지 말라
바람이 임의로 불매 네가 그 소리는 들어도
어디서 와서 어디로 가는지 알지 못하나니
성령Spirit으로 난 사람도 다 그러하니라

John 3:5~8 / KJV

Jesus answered, Verily, verily, I say unto thee,
Except a man be born of water and of the Spirit,
he cannot enter into the kingdom of God.
That which is born of the flesh is flesh;
and that which is born of the Spirit is spirit.
Marvel not that I said unto thee, Ye must be born again.
The wind bloweth where it listeth,
and thou hearest the sound thereof,
but canst not tell whence it cometh, and whither it goeth:
so is every one that is born of the Spirit.

요한복음 6:63

살리는 것은 영the spirit이니 육은 무익하니라
내가 너희에게 이른 말은 영spirit이요 생명이라

John 6:63 / WEB

It is the spirit who gives life. The flesh profits nothing.
The words that I speak to you are spirit, and are life.

John 6:63 / KJV

It is the spirit that quickeneth; the flesh profiteth nothing:

the words that I speak unto you,

they are spirit, and they are life.

야고보서 2:26

영혼the spirit없는 몸이 죽은 것 같이

행함이 없는 믿음은 죽은 것이니라

James 2:26 / WEB

For as the body apart from the spirit is dead,

even so faith apart from works is dead.

James 2:26 / KJV

For as the body without the spirit is dead,

so faith without works is dead also.

창세기 1:26~28

하나님이 이르시되 우리의 형상our likeness을 따라
우리의 모양our image대로 우리가 사람을 만들고 그들로
바다의 물고기와 하늘의 새와 가축과 온 땅과 땅에 기는 모든 것을
다스리게 하자 하시고 하나님이 자기 형상his own image
곧 하나님의 형상In God's image대로 사람을 창조하시되
남자와 여자를 창조하시고 하나님이 그들에게 복을 주시며
하나님이 그들에게 이르시되 생육하고 번성하여
땅에 충만하라, 땅을 정복하라,
바다의 물고기와 하늘의 새와 땅에 움직이는
모든 생물을 다스리라 하시니라

Genesis 1:26~28 / WEB

God said, "Let us make man in our image, after our likeness:
and let them have dominion over the fish of the sea, and
over the birds of the sky, and over the livestock,
and over all the earth,
and over every creeping thing that creeps on the earth."
God created man in his own image. In God's image he
created him; male and female he created them.

God blessed them.

God said to them,

"Be fruitful, multiply, fill the earth, and subdue it.

Have dominion over the fish of the sea,

over the birds of the sky,

and over every living thing that moves on the earth."

창세기 2:7

여호와 하나님이 땅의 흙으로 사람을 지으시고

생기|the breath of life를 그 코에 불어 넣으시니

사람이 생령living soul이 되니라

Genesis 2:7 / WEB

Yahweh God formed man from the dust of the ground,

and breathed into his nostrils the breath of life;

and man became a living soul.

Genesis 2:7 / KJV

And the Lord God formed man of the dust of the ground,
and breathed into his nostrils the breath of life;
and man became a living soul.

창세기 2:17

선악을 알게 하는 나무의 열매는 먹지 말라
네가 먹는 날에는 반드시 죽으리라 하시니라

고린도후서 5:7~9

이는 우리가 믿음으로 행하고 보는 것으로 행하지 아니함이로라
우리가 담대하여 원하는 바는
차라리 몸을 떠나 주와 함께 있는 그것이라
그런즉 우리는 몸으로 있든지 떠나든지
주를 기쁘시게 하는 자가 되기를 힘쓰노라

로마서 5:14~21

그러나 아담으로부터 모세까지 아담의 범죄와 같은
죄를 짓지 아니한 자들까지도 사망이 왕 노릇 하였나니
아담은 오실 자의 모형이라
그러나 이 은사는 그 범죄와 같지 아니하니
곧 한 사람의 범죄를 인하여
많은 사람이 죽었은 즉 더욱 하나님의 은혜와 또한 한 사람
예수 그리스도의 은혜로 말미암은 선물은 많은 사람에게 넘쳤느니라
또 이 선물은 범죄한 한 사람으로 말미암은 것과 같지 아니하니
심판은 한 사람으로 말미암아 정죄에 이르렀으나
은사는 많은 범죄로 말미암아 의롭다 하심에 이름이니라
한 사람의 범죄로 말미암아 사망이 그 한 사람을 통하여
왕 노릇 하였은즉 더욱 은혜와 의의 선물을 넘치게 받는 자들은
한 분 예수 그리스도를 통하여 생명 안에서 왕 노릇 하리로다
그런즉 한 범죄로 많은 사람이 정죄에 이른 것 같이
한 의로운 행위로 말미암아
많은 사람이 의롭다 하심을 받아 생명에 이르렀느니라
한 사람이 순종하지 아니함으로 많은 사람이 죄인 된 것 같이
한 사람이 순종하심으로 많은 사람이 의인이 되리라
율법이 들어온 것은 범죄를 더하게 하려 함이라
그러나 죄가 더한 곳에 은혜가 더욱 넘쳤나니
이는 죄가 사망 안에서 왕 노릇 한 것 같이 은혜도
또한 의로 말미암아 왕 노릇 하여
우리 주 예수 그리스도로 말미암아 영생에 이르게 하려 함이라

에베소서 2:2,3

그 때에 너희는 그 가운데서 행하여
이 세상 풍조를 따르고 공중의 권세 잡은 자를 따랐으니
곧 지금 불순종의 아들들 가운데서 역사하는 영이라
전에는 우리도 다 그 가운데서 우리 육체의 욕심을 따라 지내며
육체와 마음의 원하는 것을 하여
다른 이들과 같이 본질상 진노의 자녀이었더니

디모데전서 5:6

일락을 좋아하는 이는 살았으나 죽었느니라

마태복음 22:32

나는 아브라함의 하나님이요 이삭의 하나님이요
야곱의 하나님이로라 하신 것을 읽어 보지 못하였느냐 하나님은
죽은 자의 하나님이 아니요 산 자의 하나님이시니라 하시니

누가복음 20:38

하나님은 죽은 자의 하나님이 아니요 산 자의 하나님이시라
하나님에게는 모든 사람이 살았느니라 하시니

예레미야 17:9

만물보다 거짓되고 심히 부패한 것은 마음이라
누가 능히 이를 알리요마는

야고보서 1:22~25

너희는 말씀을 행하는 자가 되고 듣기만 하여 자신을 속이는 자가
되지 말라 누구든지 말씀을 듣고 행하지 아니하면
그는 거울로 자기의 생긴 얼굴을 보는 사람과 같아서
제 자신을 보고 가서 그 모습이 어떠했는지를
곧 잊어 버리거니와 자유롭게 하는 온전한 율법을 들여다보고
있는 자는 듣고 잊어버리는 자가 아니요 실천하는 자니
이 사람은 그 행하는 일에 복을 받으리라

에베소서 1:3

찬송하리로다 하나님 곧 우리 주 예수 그리스도의 아버지께서
그리스도 안에서 하늘에 속한 모든 신령한 복을 우리에게 주시되

갈라디아서 5:22,23

오직 성령의 열매는 사랑과 희락과 화평과
오래 참음과 자비와 양선과
충성과 온유와 절제니 이같은 것을 금지할 법이 없느니라

갈라디아서 5:16~18

내가 이르노니 너희는 성령을 따라 행하라
그리하면 육체의 욕심을 이루지 아니하리라
육체의 소욕은 성령을 거스르고 성령은 육체를 거스르나니
이 둘이 서로 대적함으로
너희가 원하는 것을 하지 못하게 하려 함이니라
너희가 만일 성령의 인도하시는 바가 되면
율법 아래에 있지 아니하리라

사람들은 누구나 옛 자아의 육과 혼의 감각들에 이미 충분히 익숙이 되어 있어서 쉽게 육신(육과 혼)을 느끼고 반응할 수가 있다. 그러므로 거듭난 하나님 자녀라고 한다면 거듭난 이후로는 영,혼,육의 모든 삶을 생명의 성령의 법, 예수 그리스도의 법, 영의 믿음으로 살게 되겠지만, 절대 다수의 종교인들은 거듭나기 이전에 이미 길들여진 옛 자아 육신을 따라서 거의 모든 삶을 살고 있다. 더구나 찬양, 기도, 예배의 신앙생활도 성령과 진리로 하지 않고 옛 자아 육신으로 종교 생활을 하고 있다. 하나님께서는 옛 자아 육신으로 드리는 예배는 받지 않으신다.

　이와 같은 문제들에 대해서 신학자, 목사 등 많은 교회지도자들이 진정한 성경적 복음을 모르거나 복음의 중요성을 소홀하게 생각하여 교회 성도들을 온전히 깨달아 알 수 있도록 교육하거나 설교하지 않기 때문에 대부분 교인들이 성경적 복음의 천국 삶과 예배를 전혀 살지를 못하고 있다.

　영은 바람과 같고 전파와 같아서 눈으로 볼 수가 없고 느낄 수도 없다. 그러나 영이신 하나님께 성령으로 기도하고 성령의 감동을 통하여 성경에 기록된 말씀으로 하나님 뜻을 영혼(마음과 생각)으로 알 수가 있다.

　2,000년전 예수님께서 십자가 사랑과 부활로 완성하신 성령의 믿음을 가짐으로써 거듭난 성도들은 누구나 그리스도 믿음을 통하여 자유, 치유 등 모든 복음적인 천국 삶을 실제적으로 영과 육과 혼으로 살게 된다.

눈에 보이지 않는 영적 세계에서 거듭난 성도의 영은 육과 혼을 통하여 세상의 모든 사물들과 현상들을 바라보면서 성전된 자신 안에 있는 거듭난 영(성령)의 마음과 생각으로 성경에 기록된 하나님 말씀들을 기준하여 이해하고 분별하고 행동하는 것이다. 영의 생각과 마음과 결단들은 언제나 아직까지 완성되지 못한 혼과 육을 통하여 입출력이 될 것이기에, 각 사람의 영적 수준과 영적 능력 만큼 알게 될 것이고 열매로 나타나는 것이다.

보이지 않는 영이 보이는 육신(혼,육)보다 훨씬 더 현실이고 진리이다. 영 안에서 보는 진리와 실제들을 영의 믿음으로 육신이 기도하고 선포하고 명령하면 육신의 질병이나 고통이나 가난이나 문제들이 하나님이 정하신 시간과 방법을 따라서 예수 그리스도로 이루어진다. 거듭난 영의 믿음과 연합하여서 자신의 혼이 성령으로 일치가 되면 예수 그리스도 믿음의 능력으로 옛 자아를 항상 이길 수 있다.

보거나 들을 수 없는 영적인 부분에서 성경해석상 오류들로 인하여 근래에 영지주의, 관상기도, 신비주의, 은사주의, 신사도운동 등 수많은 비성경적 이단 문제들이 국내외 전세계적으로 확산되고 있다. 성경이 기록한 말세지말에 일어나는 반성경적인 미혹의 현상들이다. 이같은 사이비 이단들은 지나치게 자신들의 옛 자아 육신적 욕구들을 하나님 영의 마음과 생각으로 착각하여 거짓된 주장을 하는 원인에 있다. 성경에서 금하는 이세벨의 영이고 발람의 영이고 니골라당의 교훈이다.

사이비 이단 현상들은 노아홍수 심판과 바벨탑 하나님 반역사건 이후 전세계로 확산된 니므롯, 세미라미스, 담무스, 태양신 바벨론 사탄종교들과 적그리스도 예수회 교황의 반성경적 카톨릭 사탄종교와 카자리안 마피아들과 카자르 아쉬퀴나지 가짜 유대인의 비밀주의 장로유전 카발라유대교 전통을 뿌리로 하는 전 세계 짐승정부(N.W.O.)와 바벨론 음녀 세력들은 하나님 반역을 위한 악한 영들의 교회 파괴를 위한 공작들이고, WCC WEA를 통한 다원주의 타종교들과의 바벨론종교통합을 통한 음녀화와 교회 파괴의 공작을 위하는 것이고, 영지주의 사이비 이단종교들과의 연합에 의한 세계공산화종교통합과 세계짐승정부 수립을 위하는 사탄의 기획이고, 전 세계 국가들의 종교들의 적그리스도 짐승정부 노예화를 위한 것이다. 한국교회는 하나님 배도 반역이고 적그리스도 사탄종교 카톨릭 교황 위주의 세계종교통합을 위하는 WCC WEA 로잔의 탈퇴를 공식 선언해야 한다.

에베소서 1:17~19

우리 주 예수 그리스도의 하나님, 영광의 아버지께서
지혜와 계시의 영을 너희에게 주사

하나님을 알게 하시고 너희 마음의 눈을 밝히사

그의 부르심의 소망이 무엇이며

성도 안에서 그 기업의 영광의 풍성함이 무엇이며

그의 힘의 위력으로 역사하심을 따라 믿는 우리에게 베푸신 능력의

지극히 크심이 어떠한 것을 너희로 알게 하시기를 구하노라

요한복음 6:63

살리는 것은 영이니 육은 무익하니라

내가 너희에게 이른 말은 영이요 생명이라

히브리서 11:1~3

믿음은 바라는 것들의 실상이요 보이지 않는 것들의 증거니

선진들이 이로써 증거를 얻었느니라

믿음으로 모든 세계가 하나님의 말씀으로 지어진 줄을 우리가 아나니

보이는 것은 나타난 것으로 말미암아 된 것이 아니니라

마가복음 16:17,18

믿는 자들에게는 이런 표적이 따르리니 곧 그들이 내 이름으로
귀신을 쫓아내며 새 방언을 말하며 뱀을 집어 올리며
무슨 독을 마실지라도 해를 받지 아니하며
병든 사람에게 손을 얹은즉 나으리라 하시더라

베드로전서 2:24

친히 나무에 달려 그 몸으로 우리 죄를 담당하셨으니
이는 우리로 죄에 대하여 죽고 의에 대하여 살게 하심이라
그가 채찍에 맞음으로 너희는 나음을 얻었나니

잠언 18:20,21

사람은 입에서 나오는 열매로 말미암아 배부르게 되나니
곧 그의 입술에서 나는 것으로 말미암아 만족하게 되느니라
죽고 사는 것이 혀의 힘에 달렸나니 혀를 쓰기
좋아하는 자는 혀의 열매를 먹으리라

마가복음 11:23,24

내가 진실로 너희에게 이르노니 누구든지
이 산더러 들리어 바다에 던져지라 하며 그 말하는 것이
이루어질 줄 믿고 마음에 의심하지 아니하면 그대로 되리라
그러므로 내가 너희에게 말하노니 무엇이든지 기도하고 구하는
것은 받은 줄로 믿으라 그리하면 너희에게 그대로 되리라

야고보서 2:26

영혼 없는 몸이 죽은 것 같이 행함이 없는 믿음은 죽은 것이니라

요한복음 4:24

하나님은 영이시니 예배하는 자가 영과 진리로 예배할지니라

마태복음 24:4,5,11,12,23,24

예수께서 대답하여 가라사대
너희가 사람의 미혹을 받지 않도록 주의하라
많은 사람이 내 이름으로 와서 이르되

나는 그리스도라 하여 많은 사람을 미혹케 하리라…
거짓 선지자가 많이 일어나 많은 사람을 미혹하게 하겠으며
불법이 성하므로 많은 사람의 사랑이 식어지리라…
그 때에 사람이 너희에게 말하되
보라 그리스도가 여기 있다 혹 저기 있다 하여도 믿지 말라
거짓 그리스도들과 거짓 선지자들이 일어나 큰 표적과 기사를 보이어
할 수만 있으면 택하신 자들도 미혹하게 하리라

요한계시록 14:8

또 다른 천사 곧 둘째가 그 뒤를 따라 말하되
무너졌도다 무너졌도다 큰 성 바벨론이여 모든 나라를 그
음행으로 인하여 진노의 포도주로 먹이던 자로다 하더라

요한계시록 17:1,5,15,16,17

또 일곱 대접을 가진 일곱 천사 중 하나가 와서 내게 말하여 가로되
이리 오라 많은 물 위에 앉은 큰 음녀의 받을 심판을 네게 보이리라…
그 이마에 이름이 기록되었으니 비밀이라,
큰 바벨론이라, 땅의 음녀들과 가증한 것들의 어미라 하였더라…
또 천사가 내게 말하되 네가 본 바 음녀의 앉은 물은
백성과 무리와 열국과 방언들이니라…

네가 본 바 이 열 뿔과 짐승이 음녀를 미워하여 망하게 하고
벌거벗게 하고 그 살을 먹고 불로 아주 사르리라
하나님이 자기 뜻대로 할 마음을 저희에게 주사 한 뜻을
이루게 하시고 저희 나라를 그 짐승에게 주게 하시되
하나님 말씀이 응하기까지 하심이니라

요한계시록 20:10

또 저희를 미혹하는 마귀가 불과 유황 못에 던지우니 거기는
그 짐승과 거짓 선지자도 있어 세세토록 밤낮 괴로움을 받으리라

성경적 칼빈주의에 대한 제안

　성령의 믿음으로 거듭난 성도의 구원은 영원하고 완전한 구원인가? 영이 거듭나서 구원을 받은 이후에 죄로 타락하여 구원을 잃을 수는 없는가? 지나간 2천년 동안 전세계 교계 지도자들간에 있었던 가장 큰 신학 논쟁이다. 칼빈주의, 알미니안주의(웨슬리안주의, 아르뱅주의) 교리들이 서로 충돌한다.

　필자의 의견을 조심스럽게 아래와 같이 간략하게 제시하고자 한다. 신학자 목회자 등 교계 지도자들의 심도 깊은 성경적 연구들을 통하여 하나님 뜻에 부합한 성경 해석이 더욱 완성될 수 있기를 기원한다.

　칼빈주의 절대예정(이중예정)은 카이로스 하나님 시간 가운데 무소불위하시고 전지전능하신 하나님의 절대주권과 하나님 관점의 절대적 신학으로 성경을 해석할 때에는 성령의 믿음으로 거듭난 성도의 구원은 영원하고 완전한 구원이다. 알미니안주의 예지예정(조건예정)은 대체적으로 칼빈 신학의 중심인 하나님 카이로스 시간과 절대주권을 거부하는 가운데, 인간 관점의 상대적 신학으로 성경을 해석하였다.

　창세 이전부터 영원한 천국까지 과거와 현재와 미래를 하나님은 절대예정(이중예정)하시고 모든 창조 세계와 피조물들의 생사화복을 홀로 주관하시기에 합당한 절대 의와 주권은 오직 하나님께만 있는 것은 너무나 당연하고 확실하다. 이러한 관점에서 인본주의적이고 종교적인 성경 해석들은 항상 경계하여야 한다. 하나님 관점의 절대적 신학으로 성경을 해석하여 정립한 칼빈주의 절대예정론이 더욱 성경에 가깝고 완전하다고 본다. 그러나 거듭난 성경적 칼빈주의 성도들이라고 할지라도 바울의 고백과 같이 날마다 자아 육신은 죽어야 하며, 두렵고 떨림으로 구원을 이루어야 한다. 이러한 관점에서 알미니안주의(웨슬리안) 신학의 주창은 매우 유익하다.

칼빈주의 절대예정론으로 성경 복음을 간략히 정리하면 다음과 같다.

> "하나님께서는 하나님 자녀(성도)들을 창세 전에 구원을 예정하시고, 예수 그리스도의 십자가 구속을 통하여 완전한 구원을 성취하시고, 성령 할례(세례,거듭남)를 통하여 성령의 믿음으로 구원을 완성하신다."

칼빈 교리를 비롯한 역사상 위대한 신학자들의 모든 교리들과 주장들이 하나님 성경만큼의 권위가 있다고 할 수는 없기에, 지나치게 자신의 신학 교리만을 주장하거나, 또는 확정된 이단 학설이 아닌 한 타인의 주장들을 지나치게 폄하하거나 일방적으로 매도 비하하는 것은 바람직하지 않다.

역사 발전과 지식정보의 보편화를 통한 하나님 성경을 더욱 완전하게 성령님의 조명에 의하여 서로들 간에 철이 철을 날카롭게 하는 것같이 하나님 영광을 위하는 올바른 성경 해석과 연구들은 계속되어야 하며, 신학자의 업적들과 과오들은 교회역사에 의하여 재평가되어야 한다.

필자의 의견으로는 하나님 카이로스 절대예정(이중예정)과 절대주권은 피조물이고 질그릇에 불과한 우리 인간들이 불만하거나 판단할 수는 없는 토기장이 하나님의 절대적 권한이기에, 하나님의 주권적 구원은 전적으로 하나님 결정이고 100% 완전하다. 그러나 주어진 크로노스 인생들 가운데 마지막까지 성령을 훼방하거나 거역하면 구원을 얻을 수가 없다는 아래의 성경 구절들에 대하여는 성경과 알미니안주의(웨슬리안) 신학에 근거하여 양측의 신학자들이 더욱 심층적으로 연구하고 다양한 방식의 발제와 토론들을 통하여 지속적으로 발전시켜야 할 것이다. 6번째 항에서 기록한 "성령모독과 성령훼방죄로 인한 불신자(배도자?)들의 구원의 상실과 탈락"에 대한 부분은 하나님의 택함을 받은 거듭난 성도들도 해당된다고 한다면 이것은 칼빈 5대 교리와 상당부분 상충되는 내용으로서, 알미니안주의, 웨슬리안주의, 아르뱅주의 교리들이 주창하는 자유의지에 의한 실천적 믿음의 일부분 부족한 성경 해석들을 포함하여 양측의 신학자, 목회자들의 심층적인 성경 연구들이 계속되고 활성화되어야 한다.

성령의 믿음에 의하여 하나님 성령으로 거듭난 성도라고 한다면, 거듭난 이후의 인생 중에서 더 이상은 성령을 거부하거나 훼방하는 일은 결코 없어야 하는 것이지만, 하나님으로 거듭났다는 성도가 하늘의 은사를 맛보아 성령에 참예한 바 되고, 하나님의 선한 말씀과 내세의 능력을 맛보고 타락하여, 계속적으로 예수 그리스도 영의 믿음을 따라서 거듭난 새 자아로 살지 아니하고, 구속 전 옛 자아의 육신(육,혼)을 따라서 사탄(죄)의 종으로 살아간다면, 사랑하는 하나님께서는 때때로 여러 가지 불시험을 통하여 회개토록 인도할 것이다. 그럼에도 불구하고 끝까지 성령을 거부하거나 성령을 훼방한다면 하나님 구원에서 탈락할 수도 있는가? 하는 논제는 간단한 문제가 아니고 복합적이고 심도 깊은 성경 연구가 필요하다. 적그리스도 카톨릭 교황과 신복음주의로 연합하여 정통교회를 타락시킨 빌리 그레이엄 목사, 릭 웨런 목사 등을 포함하는 수많은 은사주의와 신사도 운동 사역자들이 하늘 은사와 내세 능력을 맛보고 타락하여 성령을 훼방했다는 사실에 대하여는 그 누구도 부정할 수가 없는 것인데, 그렇다면 칼빈주의 절대 예정론을 기준하여, 그들 모두가 성령으로 거듭난 하나님의 믿음이 아니고, 종교주의 인본주의 옛 자아 육신의 가짜 믿음으로 판정해야 할 것인가? 아니면 그들을 포함하는 국내외 수많은 교계 지도자들이 성령으로 거듭났지만, 하나님 사역을 하는 가운데 하늘 은사와 내세 능력을 맛보고 옛 자아적 교만과 육신적 타락으로 인한 성령 훼방죄로 인하여 구원에서 탈락하였는가? 역사적으로 국내외 수많은 신학자들과 목회자들의 성령 훼방죄에 대한 이러한 문제들은 광범위하고 복잡한 연구 대상이며, 최종적인 결론은 쉽지가 않다.

  알미니안주의 신학에서는 인간의 자유의지 선택에 의하여 구원의 탈락이 언제나 가능하다는 것이고, 칼빈주의 절대예정론에 의하면 그런 자는 애초에 거듭나지 않은 불택자이고, 성령의 참믿음이 아닌 육신적 가짜 믿음으로 본다. 하나님 주권의 자유의지와 인간 중심의 자유의지의 해석상 차이일 수도 있다. 칼빈주의 절대 예정론에서 말하는 하나님 주권의 자유의지는 하나님의 절대주권 절대예정을 이루시는 인간의 구속과 구원과정에서 피택자가 자유의지로 예수 그리스도를 구주로 믿는 구원의 믿음을 항상 고백하도록 하나님께서 일하신다는 것이고, 알미니안주의 예지예정론에서 말하는 인간 중심의 자유의지는 인간이 인생 가운데 자신의 자유의지로 예수 그리스도를 구세주로 믿고 구원을 얻게 될 것을 하나님께서 미리 아신다는 것이다.

결과적으로 절대 예정론에서는 모든 믿음과 구원의 과정들이 전적으로 하나님의 절대주권과 절대은혜라는 것이고, 예지 예정론에서는 믿음과 구원의 과정들에서 인간의 자유의지 공로와 일부분 신인 협력설을 주장하는 것이다.

칼빈주의 절대 예정론의 입장에서 생각한다면, 전지전능하신 하나님께서 절대예정(이중예정)하고 택정하여 성령으로 거듭난 성도가 맞다면 하나님께서 구원에 이르도록 보존하시고 견인할 것이 확실하므로, 성도는 거듭난 이후에 일시적으로도 성령을 훼방하거나 거역하지 않을 것이고, 순교 신앙으로 믿음을 지키도록 성령님이 도울 것이고, 때로는 타락하였더라도 성령님의 능력으로 곧 회개할 것이기에 궁극적인 구원은 절대로 상실할 수가 없다는 것이다.

칼빈주의 장로교회가 칼빈주의 절대예정론에 대한 심층적인 신학 연구와 알미니안주의 신학자들의 인본주의적이고 신인협력 자유의지론에 대항하는 적극적인 대응부족으로 인하여, "한 번 구원은 영원한 구원이다" 는 신천지, 구원파 등 수많은 반성경적인 사이비이단의 사상들이 범람하고 있는 것이 현실이고, 장로교 목회자들과 성도들 중에서 성적 타락, 교회 세습 등 수많은 반성경적 문제점들이 계속 발생하고 있는 현실들 앞에서, 더욱 적극적이고 강력한 신학적 논증들과 개혁신학의 정립이 있어야 하겠다. 칼빈주의 절대예정론이 성경적 정론인 것이 확실한 것이지만, 알미니안주의 신학자들에게 칼빈주의 신앙의 행함이 없는 타락들에 대하여 많은 비난들의 빌미를 주는 원인들이 어디에 있는 것인지를 심도 깊게 연구하여야 한다.

필자의 의견은 이러한 칼빈주의 절대 예정론에 대한 비난의 원인과 해결 방안은 알미니안주의 예지 예정론에서만 찾을 수 있는 것은 아닌 것으로 생각하고, 성경에 기초하는 칼빈주의 신학의 절대 예정론에서 더욱 크게 강조해야 하는 예수 그리스도의 법, 생명의 성령의 법, 둘째 언약, 새 언약에 기초하는 복음적 믿음의 삶에 대하여 신학자들과 목회자들이 성경에 기초하여 적극적으로 연구하고 실천해야 한다고 본다.

성경적 칼빈주의 절대 예정론이 신뢰를 얻기 위해서는 예수 그리스도 믿음의 법인 완전한 천국 복음의 가르침과 행함의 신학들이 뒷받침될 수 있어야 한다. 성경적 천국 삶에 대한 실천적 증거들로서 사실을 증명할 수 없기 때문에 알미니안 신학자들과 교역자들은 칼빈주의 절대 예정론을 비난한다고 본다. 하나님의 성령으로 거듭나지 않은 세상의 불신자들은 인간적으로 착하고 의롭게 사는 것처럼 보일지라도, 영의 본질은 하나님 불신으로 인하여 100% 사탄 마귀의 종으로 장악되어 살기 때문에, 돈과 권력의 유혹 등 결정적인 순간들이 찾아오면 자신의 영혼 안에 있는 죄 육신의 본성으로 인하여 사탄.마귀.귀신의 죄와 사망의 결과들이 명확하게 드러나게 되어 있다. 예수 그리스도의 믿음을 쫓아가는 성도들의 천국 구원이 확실하듯이 사탄.마귀.귀신들을 따르는 죄육신 불신자들의 영벌 지옥은 너무나 당연하다. 성령의 믿음으로 거듭나지 않은 불신자들의 지옥 불심판은 불신자들의 영(그릇)안에서 주인된 사탄.마귀.귀신들에 대한 심판이기 때문이다.

칼빈주의 절대 예정론은 대표적으로 개혁주의 교파, 장로교 계통의 교회들이 주장하는 신학적 체계이고, 알미니안주의(웨슬리안주의, 아르뱅주의) 예지 예정론은 대체적으로 감리교, 성결교, 구세군, 순복음 계통이 주장한다. 침례교 계통의 교회들을 포함하여 모든 개교회들과 개인의 신앙들은 그 교회 목회자와 성경 지식에 따라서 일부분 의견들이 서로 다를 수도 있을 것이다.

카톨릭(천주교)은 표면적으로는 행함의 구원 등 인본주의 해석인 알미니안주의 신학을 주창하는 교회의 가면을 쓰고 있지만, 실제로는 태양신 바알(니므롯)과 마리아(세미라미스)를 숭배하는 바벨론 종교로서 적그리스도 교황을 중심으로 하는 사탄 종교이다. 카톨릭 신자들 중에서 극소수 성경적 믿음으로 구원에 이를 자가 있을 가능성을 완전히 배제할 수는 없겠으나,

절대 다수의 신도들은 카톨릭 교황과 사제들의 교리를 따라감으로써 구원을 받지 못하는 우상 숭배자들이다.

카톨릭의 뿌리는 전 세계 대부분 종교들과 마찬가지로 구 바벨론 니므롯 세미라미스 담무스의 태양신 종교를 모태로 하고 있으며, 성경과 역사적인 사실에 기준하여 적그리스도 바벨론 종교이고 사탄 종교이다.

한국교회와 세계교회는 지난 수백년 동안 루터, 칼빈, 웨슬리 등 수많은 믿음의 선진들을 통하여 카톨릭은 적그리스도 바벨론 사탄 종교라고 밝히 드러내었고, 5천만명 이상(실제적으로는 1억이상일 수도 있음) 순교신앙 기독교인들을 종교전쟁 등을 통하여 무참하게 고문 살인하였다고 카톨릭 교황이 스스로 인정하는 역사적 사실들이 명백하게 확인된 만큼, 적그리스도 사탄종교 카톨릭에 대하여 '기독교'라고 호칭해서는 안된다. 반드시 '카톨릭은 적그리스도 바벨론 사탄 종교다' 라고 불러야 한다.

성경의 진실을 바르게 알려야 만이 교회 성도들이 미혹되거나 배도하지 않을 것이며, 카톨릭 교인들 중에서 극소수 성경적 믿음의 교인들이 지금이라도 바벨론 사탄종교인 카톨릭을 빠져나와서 올바른 믿음의 성경적 신앙으로 돌아올 수 있기 때문이다.

적그리스도 바벨론 사탄 종교 카톨릭 교황과의 세계종교통합을 통하여 하나님을 반역하고, WCC. WEA. NCCK. 로잔대회의 신사도 신복음주의에 연합한 한국교회들과 교단들은 조속히 공식적으로 탈퇴를 선언해야 한다.

칼빈주의 절대 예정론(이중예정)은 완전한 하나님의 주권만을 더욱 강조하는 교리로서, 모든 인간은 전적으로 타락한 상태이기에 하나님의 특별한 은혜가 없이는 절대로 스스로 복음을 이해할 수도, 하나님을 믿을 수도 없다. 믿음으로 거듭나는 성도는 하나님께서 창세 전에 예정하여 택정한 자이다.

알미니안주의 예지 예정론은 인간이 구원받고 안 받는 것이 전적인 하나님의 선택이라면 하나님이 인간에게 책임을 물어서 지옥형벌을 내리는 것은 하나님 사랑과 자비의 성품에 맞지 않다고 생각하기에 생겨난 교리로서, 예지 예정론은 인간의 자유의지의 책임과 역할을 일정 부분 강조하는 것이다. 인간은 상황과 환경에 영향을 받는 존재이기에 사람이 태어나기 전부터 하나님은 그 사람이 살게 될 상황과 환경과 모든 것을 예정하여 그 사람이 하나님을 믿을지 안 믿을지 미리 결과를 아시고 믿음에 성공할 자이기에 그를 예정하여 믿음과 구원의 길로 갈 수 있도록 인도하신다는 것이다.

두 이론이 하나님이 예정한다는 점에서는 같으나 인과관계는 상이하다. 절대 예정론(이중예정)은 사람의 상태가 어떠하든지 하나님이 먼저 믿을 자, 구원할 자를 예정하신다는 것이고, 예지 예정론은 그 사람의 자유의지로 믿을 것을 하나님 카이로스 시간에서 하나님이 미리 아시고 예정하신다는 것이다.

 일부의 예지 예정론자들은 구원 시작이 사람에게 있다고 주장하지 않는다. 또 전적인 하나님 은혜인 것은 절대 예정론(이중예정)과 같다고도 말한다. 예지예정론자들 중에서 절대예정론자들처럼 인간은 스스로 복음을 이해할 수도, 구원에 반응할 수도 없는 전적인 타락 상태로 보는 분들도 많이 있다. 성령님께서 은혜의 빛을 비춰 주시면 어느 한 순간 그 사람의 자유의지로 예수님을 믿게 될 것을 하나님께서 미리 아신다는 것이다.

 자신 스스로는 깨닫지도, 믿지도 못하는 전적으로 타락한 인간들 중에서 하나님께서 창세 전에 예정하여 선택한 하나님 아들들을 성령의 믿음으로 중생(거듭남)하게 하셔서 하나님께서 영원히 구원하신다는 것이 칼빈주의 절대 예정론(이중예정)이고, 전적으로 타락한 죄인이 어느 시점에 하나님 은혜로 복음을 깨닫고 자유의지로 믿어서 구원을 받게 되는데, 이렇게 믿음으로 구원받을 것을 하나님께서는 하나님 시간에서 미리 아시고 예정하여 선택하셨다는 알미니안 예지 예정론은 절대 예정론과 별로 큰 차이가 없는 듯하지만 실제적으로는 상당한 차이가 있다.

 칼빈주의 절대 예정론 신학은 예정과 믿음의 주체가 전적으로 하나님의 은혜와 주권이라는 것이고, 알미니안주의 예지 예정론 신학에서는 예정과 믿음의 주체가 하나님이시지만, 하나님 주권과 은혜에 반응하는 인간의 자유의지의 일부분 역할을 주장함으로써, 하나님의 은혜와 주권에 반응하는 성도의 믿음과 구원과정들을 하나님께서 미리 예지하고 예정하신다는 것이다. 알미니안주의 예지예정론에서는 일부분 인간의 협력설을 주장하는 것이기에, 전적인 인간 타락과 하나님의 절대 예정과 절대 주권에 반하는 것이다.

필자는 성경적 절대 예정론을 찬성하는 사람으로서 알미니안주의 예지 예정론의 문제점들에 대하여 이와 같은 논지로 정립하고자 한다.

하나님 절대예정에 의한 성령님의 의지적 믿음은 완전한 구원의 믿음이고, 인간의 자유의지적 믿음은 불완전하여 완전한 하나님 구원에 이를 수 없다. 예수 그리스도(성령)로 인하여 믿어지는 성도의 믿음은 완전한 성경적 구원의 참 믿음이며, 사람의 육신으로부터 나오는 사람의 믿음은 불완전한 가짜 믿음이다. 하나님(성령) 믿음으로부터 나오는 성도의 사랑은 하나님께서 인정하는 진정한 사랑이며, 인간의 자유의지로부터 나오는 사람의 사랑은 하나님께서 인정할 수 없는 위장이고 편중되고 거짓된 사랑이다. 믿음, 소망, 사랑, 예배, 찬양, 기도 … 등 모든 행함에 있어서 하나님께서 인정하시고 열납하시는 것은 오직 하나님(성령) 믿음의 것이어야 한다. 야고보서 2장 17절 이후 나오는 믿음도 인간의 자유의지로부터 나오는 가짜 믿음이 아니라, 예수 그리스도로부터의 성경적 참 믿음이라고 보아야 한다. 그러므로 예정론의 결론은 하나님으로부터 임하는 절대예정이 성경적이다. 하늘 은사와 내세 능력을 맛보고 타락하는 성령 훼방죄에 대한 구원의 상실과 탈락에 관한 논증들은 성경 안에서 올바르게 정립되어야 한다.

알미니안주의 예지 예정론자들은 사람은 전적으로 타락했지만, 로마서 1장에서 말씀하듯이 모든 사람들에게 하나님을 알 만한 것을 남겨두셨다고 주장함으로써, 모든 사람들은 하나님을 믿을 만한 가능성을 가지고 있으므로 선교와 전도를 위하여 인간적 노력과 헌신을 더욱 강조한다. 반면에 칼빈주의 절대 예정론자들은 창세전부터 이미 누구는 구원받고 누구는 버림을 받는 것이 예정이 되었기에 굳이 힘들게 선교와 전도를 위하여 노력할 필요가 없다고 생각할 수도 있는 부작용을 지적한다. 그러나 성전과 교회로서 살아가는 거듭난 성도는 언제나 성령에 순종하여 선교와 전도가 하나님 사명으로 산다.

널리 알려진 성경적 칼빈 5대 교리(TULIP)를 종합 정리하면 아래와 같다.

1. 전적인 타락 Total Deprevity

에덴동산에서 원죄를 범함으로 인간은 완전하게 전적으로 타락했다. 인간 타락을 부분적인 것으로 믿는다면 구원의 공로가 사람에게 일부분 있다고 주장함으로써 하나님 앞에서 불법과 교만의 가능성을 남긴다.

사실상 인간 자신의 능력으로는 자신의 구원을 이룬다거나 구원에 어떠한 방법으로도 기여할 수가 없는 것이 진실이다.

그렇지만 인간이 하나님의 뜻을 '전혀' 알 수 없다는 뜻은 아니다. 선을 완전히 행할 수 없다는 뜻도 아니다. 다만 아무리 인간이 선을 행한다 하더라도 하나님께서 원하시는 수준은 결코 될 수가 없고, 하나님의 영광에 이를 수는 전혀 없기에 하나님 의인으로 인정받는 것은 불가능하다는 것이다. 인간은 태어나기 전부터 죄인이고, 실제적인 모든 삶은 알고 보면 죄악이다. 죽은 자가 스스로 살아날 수 없고, 눈먼 자가 스스로 볼 수 없고, 날 때부터 죄인으로 난 자가 스스로 의인이 될 수가 없다. 구원은 본질상 우리를 창조하신 하나님께 속한 것이다. 자신이 얼마나 비참한 죄인인가? 하는 것을 철저하게 깨닫고 회개함으로부터 구원이 시작된다.

로마서 5:12

그러므로 한 사람으로 말미암아 죄가 세상에 들어오고
죄로 말미암아 사망이 들어왔나니 이와 같이 모든 사람이 죄를
지었으므로 사망이 모든 사람에게 이르렀느니라

로마서 3:10~12

기록한 바 의인은 없나니 하나도 없으며 깨닫는 자도 없고
하나님을 찾는 자도 없고 다 치우쳐 한가지로 무익하게 되고
선을 행하는 자는 없나니 하나도 없도다

마가복음 4:12

이는 그들로 보기는 보아도 알지 못하며 듣기는 들어도
깨닫지 못하게 하여 돌이켜
죄사함을 얻지 못하게 하려 함이라 하시고

시편 51:5

내가 죄악 중에서 출생하였음이여
어머니가 죄 중에서 나를 잉태하였나이다

창세기 6:5

여호와께서 사람의 죄악이 세상에 가득함과
그의 마음으로 생각하는 모든 계획이 항상 악할 뿐임을 보시고

욥기 14:4

누가 깨끗한 것을 더러운 것 가운데에서 낼 수 있으리이까
하나도 없나이다

예레미야 13:23

구스인이 그의 피부를, 표범이 그의 반점을 변하게 할 수 있느냐
할 수 있을진대 악에 익숙한 너희도 선을 행할 수 있으리라

2. 무조건적 선택 Unconditional Election

전적으로 타락한 인간은 스스로 구원에 이를 수 없다. 그러므로 인간의 구원은 하나님의 전적인 은혜임을 알아야 한다.

천국 구원이 예정되어 있는 사람들을 하나님께서는 창세 전부터 영원 불변하신 목적과 주님 마음의 소원과 기쁘신 뜻대로 예수 그리스도 안에서 영원한 영광에 들어가도록 선택해 놓았다. 구원은 하나님이 거저 주시는 은총과 사랑에서 나온 것이고, 하나님의 전적인 주권이다. 피조물인 인간에게 구원할 만한 어떤 조건이나 이유가 있는 것은 전혀 아니다.

요한복음 15:16

너희가 나를 택한 것이 아니요 내가 너희를 택하여 세웠나니

로마서 9:21

토기장이가 진흙 한 덩이로 하나는 귀히 쓸 그릇을
하나는 천히 쓸 그릇을 만드는 권한이 없느냐

에베소서 1:4~5

곧 창세 전에 그리스도 안에서 우리를 택하사 우리로 사랑 안에서
그 앞에 거룩하고 흠이 없게 하시려고
그 기쁘신 뜻대로 우리를 예정하사
예수 그리스도로 말미암아 자기의 아들들이 되게 하셨으니

시편 139:15,16

내가 은밀한 데서 지음을 받고 땅의 깊은 곳에서
기이하게 지음을 받은 때에
나의 형체가 주의 앞에 숨기우지 못하였나이다
내 형질이 이루기 전에 주의 눈이 보셨으며 나를 위하여 정한 날이
하나도 되기 전에 주의 책에 다 기록이 되었나이다

하나님의 주권적 선택은 사람이 행한 어떤 것과도 관련되어 있지 않다. 사람의 선행과 악행에 상관없이 하나님께서 사랑하셔서 자기 백성으로 택정하셨다. 하나님께서 우리를 택하신 것은 우리가 하게 될 어떤 일이나 그의 아들 예수를 믿게 될 것을 아셨기 때문이 아니다. 하나님께서는 우리가 예수 그리스도를 영접할 수 있도록 인도하신다. 하나님께서 믿을 사람을 미리 아

셨다(예지예정) 라고 하는 것도 옳지 않다. 우리가 믿기 때문에 선택받은 것이 아니라 선택을 받기로 예정되었기 때문에 믿는 것이다. 성도의 믿음은 하나님으로부터 오는 성령의 믿음인 것이다.

에배소서 2:8,9

너희가 그 은혜를 인하여 믿음으로 말미암아 구원을 얻었나니 이것이 너희에게서 난 것이 아니요 하나님의 선물이라 행위에서 난 것이 아니니 이는 누구든지 자랑치 못하게 함이니라

요한복음 15:16,19

너희가 나를 택한 것이 아니요 내가 너희를 택하여 세웠나니 이는 너희로 가서 과실을 맺게 하고 또 너희 과실이 항상 있게 하여 내 이름으로 아버지께 무엇을 구하든지 다 받게 하려 함이니라… 너희가 세상에 속하였으면 세상이 자기의 것을 사랑할 터이나 너희는 세상에 속한 자가 아니요 도리어 세상에서 나의 택함을 입은 자인 고로 세상이 너희를 미워하느니라

로마서 8:29,30

하나님이 미리 아신 자들로

또한 그 아들의 형상을 본 받게 하기 위하여

미리 정하셨으니

이는 그로 많은 형제 중에서 맏아들이 되게 하려 하심이니라

또 미리 정하신 그들을 또한 부르시고

부르신 그들을 또한 의롭다 하시고

의롭다 하신 그들을 또한 영화롭게 하셨느니라

로마서 9:7~33

또한 아브라함의 씨가 다 그 자녀가 아니라

오직 이삭으로부터 난 자라야 네 씨라 칭하리라 하셨으니

곧 육신의 자녀가 하나님의 자녀가 아니라

오직 약속의 자녀가 씨로 여기심을 받느니라 약속의 말씀은 이것이라

명년 이 때에 내가 이르리니 사라에게 아들이 있으리라 하시니라

이뿐 아니라 또한 리브가가 우리 조상 이삭

한 사람으로 말미암아 잉태하였는데

그 자식들이 아직 나지도 아니하고

무슨 선이나 악을 행하지 아니한 때에

택하심을 따라 되는 하나님의 뜻이 행위로 말미암지 않고

오직 부르시는 이에게로 말미암아 서게 하려 하사

리브가에게 이르시되 큰 자가 어린 자를 섬기리라 하셨나니
기록된 바 내가 야곱은 사랑하고
에서는 미워하였다 하심과 같으니라
그런즉 우리가 무슨 말 하리요
하나님께 불의가 있느뇨 그럴 수 없느니라
모세에게 이르시되 내가 긍휼히 여길 자를 긍휼히 여기고
불쌍히 여길 자를 불쌍히 여기리라 하셨으니
그런즉 원하는 자로 말미암음도 아니요
달음박질하는 자로 말미암음도 아니요
오직 긍휼히 여기시는 하나님으로 말미암음이니라
성경이 바로에게 이르시되 내가 이 일을 위하여 너를 세웠으니
곧 너로 말미암아 내 능력을 보이고
내 이름이 온 땅에 전파되게 하려 함이로라 하셨으니
그런즉 하나님께서 하고자 하시는 자를 긍휼히 여기시고
하고자 하시는 자를 강퍅케 하시느니라 혹 네가 내게 말하기를
그러면 하나님이 어찌하여 허물하시느뇨 누가 그 뜻을 대적하느뇨
하리니 이 사람아 네가 뉘기에 감히 하나님을 힐문하느뇨
지음을 받은 물건이 지은 자에게 어찌 나를 이같이 만들었느냐
말하겠느뇨 토기장이가 진흙 한 덩이로 하나는 귀히 쓸 그릇을,
하나는 천히 쓸 그릇을 만드는 권이 없느냐
만일 하나님이 그 진노를 보이시고 그 능력을 알게 하고자 하사
멸하기로 준비된 진노의 그릇을 오래 참으심으로 관용하시고
또한 영광 받기로 예비하신 바 긍휼의 그릇에 대하여

그 영광의 부요함을 알게 하고자 하셨을찌라도
무슨 말 하리요 이 그릇은 우리니 곧 유대인 중에서 뿐 아니라
이방인 중에서도 부르신 자니라 호세아 글에도 이르기를
내가 내 백성 아닌 자를 내 백성이라,
사랑치 아니한 자를 사랑한 자라 부르리라
너희는 내 백성이 아니라 한 그 곳에서 저희가 살아 계신
하나님의 아들이라 부름을 얻으리라 함과 같으니라
또 이사야가 이스라엘에 관하여 외치되 이스라엘 뭇 자손의 수가
비록 바다의 모래 같을찌라도 남은 자만 구원을 얻으리니
주께서 땅 위에서 그 말씀을 이루사 필하시고 끝내시리라 하셨느니라
또한 이사야가 미리 말한 바 만일 만군의 주께서
우리에게 씨를 남겨 두시지 아니하셨더면
우리가 소돔과 같이 되고 고모라와 같았으리로다
함과 같으니라 그런즉 우리가 무슨 말 하리요
의를 좇지 아니한 이방인들이 의를 얻었으니 곧 믿음에서 난 의요
의의 법을 좇아간 이스라엘은 법에 이르지 못하였으니 어찌 그러하뇨
이는 저희가 믿음에 의지하지 않고 행위에 의지함이라
부딪힐 돌에 부딪혔느니라
기록된 바 보라 내가 부딪히는 돌과 거치는 반석을 시온에 두노니
저를 믿는 자는 부끄러움을 당치 아니하리라 함과 같으니라

3. 제한된 구속 Limited atonement

예수님은 천국 구원을 받을 수 있는 사람들을 미리 예정하셨고, 성도들 구원의 확실한 보장 가운데 구속 사역의 시작과 끝은 주님이시다. 처음부터 하나님의 속죄 사역은 완전하고 완성된 사역이다.

요한복음 17:2

아버지께서 아들에게 주신 모든 사람에게 영생을 주게 하시려고
만민을 다스리는 권세를 아들에게 주셨음이로소이다

요한복음 6:37

아버지께서 내게 주시는 자는 다 내게로 올 것이요
내게 오는 자는 내가 결코 내쫓지 아니하리라

로마서 9:11~14

그 자식들이 아직 나지도 아니하고 무슨 선이나 악을 행하지
아니한 때에 택하심을 따라 되는
하나님의 뜻이 행위로 말미암지 않고
오직 부르시는 이에게로 말미암아 서게 하려 하사
리브가에게 이르시되 큰 자가 어린 자를 섬기리라 하셨나니
기록된 바 내가 야곱은 사랑하고 에서는 미워하였다 하심과 같으니라
그런즉 우리가 무슨 말 하리요
하나님께 불의가 있느뇨 그럴 수 없느니라

말라기 1:2,3

여호와께서 가라사대 내가 너희를 사랑하였노라 하나
너희는 이르기를 주께서 어떻게 우리를 사랑하셨나이까 하는도다
나 여호와가 말하노라 에서는 야곱의 형이 아니냐 그러나 내가
야곱을 사랑하였고 에서는 미워하였으며 그의 산들을 황무케
하였고 그의 산업을 광야의 시랑에게 붙였느니라

에배소서 1:11

모든 일을 그 마음의 원대로 역사하시는 자의 뜻을 따라
우리가 예정을 입어 그 안에서 기업이 되었으니

요한복음 6:37

아버지께서 내게 주시는 자는 다 내게로 올 것이요
내게 오는 자는 내가 결코 내어쫓지 아니하리라

마태복음 22:14

청함을 받은 자는 많되 택함을 입은 자는 적으니라

요한복음 10:25~29

예수께서 대답하시되 내가 너희에게 말하였으되
믿지 아니하는도다 내가 내 아버지의 이름으로 행하는 일들이
나를 증거하는 것이어늘 너희가 내 양이 아니므로 믿지 아니하는도다
내 양은 내 음성을 들으며 나는 저희를 알며 저희는 나를 따르느니라
내가 저희에게 영생을 주노니 영원히 멸망치 아니할 터이요
또 저희를 내 손에서 빼앗을 자가 없느니라

저희를 주신 내 아버지는 만유보다 크시매 아무도
아버지 손에서 빼앗을 수 없느니라

누가복음 17:17~19

예수께서 대답하여 가라사대 열 사람이 다 깨끗함을 받지
아니하였느냐 그 아홉은 어디 있느냐 이 이방인 외에는 하나님께
영광을 돌리러 돌아온 자가 없느냐 하시고 그에게 이르시되
일어나 가라 네 믿음이 너를 구원하였느니라 하시더라

4. 불가항력적 은혜 Irresistible grace

전지하시고 전능하신 하나님이 구원의 주가 되시기 때문에 그의 유효한 부르심을 받은 택정된 사람은 거절하기는 불가능하다. 성령님께서는 하나님의 택한 백성들의 영과 혼(마음, 의지…) 안에서 하나님 구원의 목적을 이루심에서 결단코 실패하지 않으신다.

선택된 성도가 아무리 벗어나려고 노력해도, 하나님은 어떻게 해서든 반드시 구원의 길로 돌이키게 하신다. 이것은 성도들의 경험에서 증명될 수 있다.

사도행전 13:47,48

주께서 이같이 우리를 명하시되 내가 너를 이방의 빛을 삼아
너로 땅 끝까지 구원하게 하리라 하셨느니라 하니
이방인들이 듣고 기뻐하여 하나님의 말씀을 찬송하며
영생을 주시기로 작정된 자는 다 믿더라

욥기 23:13,14

그는 뜻이 일정하시니 누가 능히 돌이킬까 그 마음에
하고자 하시는 것이면 그것을 행하시나니 그런즉 내게 작정하신
것을 이루실 것이라 이런 일이 그에게 많이 있느니라

로마서 11:5,6

그런즉 이와 같이 이제도 은혜로 택하심을 따라
남은 자가 있느니라 만일 은혜로 된 것이면 행위로 말미암지
않음이니 그렇지 않으면 은혜가 은혜되지 못하느니라

고린도전서 15:10

그러나 나의 나 된 것은 하나님의 은혜로 된 것이니 내게 주신

그의 은혜가 헛되지 아니하여

내가 모든 사도보다 더 많이 수고하였으나

내가 아니요 오직 나와 함께 하신 하나님의 은혜로라

갈라디아서 1:15

그러나 내 어머니의 태로부터 나를 택정하시고

은혜로 나를 부르신 이가

에배소서 2:1~3

너희의 허물과 죄로 죽었던 너희를 살리셨도다

그 때에 너희가 그 가운데서 행하여

이 세상 풍속을 좇고 공중의 권세 잡은 자를 따랐으니

곧 지금 불순종의 아들들 가운데서 역사하는 영이라 전에는

우리도 다 그 가운데서 우리 육체의 욕심을 따라 지내며

육체와 마음의 원하는 것을 하여

다른 이들과 같이 본질상 진노의 자녀이었더니

에베소서 2:5~9

허물로 죽은 우리를 그리스도와 함께 살리셨고
(너희가 은혜로 구원을 얻은 것이라)
또 함께 일으키사 그리스도 예수 안에서 함께 하늘에 앉히시니
이는 그리스도 예수 안에서 우리에게 자비하심으로써
그 은혜의 지극히 풍성함을 오는 여러 세대에 나타내려 하심이니라
너희가 그 은혜를 인하여 믿음으로 말미암아 구원을 얻었나니
이것이 너희에게서 난 것이 아니요 하나님의 선물이라 행위에서
난 것이 아니니 이는 누구든지 자랑치 못하게 함이니라

빌립보서 1:6

너희 속에 착한 일을 시작하신 이가
그리스도 예수의 날까지 이루실 줄을 우리가 확신하노라

5. 성도의 견인 Perseverance of the saints

예수 그리스도로 구원함을 받고 예수 그리스도의 믿음을 갖게 된 성도는 모두가 영원히 구원을 받는다. 성도들은 전능하신 하나님의 권능으로 모든 환경에서 믿음을 계속 지키며 세상 종말

까지 믿음을 보전하도록 하신다. 즉 한 번 구원을 받으면 반드시 영원한 구원을 얻게 되는 것이다.

그리스도인이 살아가는 동안에 지속적 믿음이 언제나 지켜지도록 한다. 그래서 그리스도인의 인내하는 삶은 중요하다. 그러나 무엇보다도 그것은 하나님의 지속적인 오래 참으심의 은혜와 자비와 사랑으로 보전케 하신다. 그러므로 일시적 성도의 범죄는 연약함으로 인하여 넘어짐에도 불구하며 성도는 반드시 성령의 은혜로 인하여 회개하고 돌아올 것이 확실하다.

에스겔 3:4~6

또 내게 이르시되 너는 이 모든 뼈에게 대언하여 이르기를 너희 마른 뼈들아 여호와의 말씀을 들을찌어다 주 여호와께서 이 뼈들에게 말씀하시기를 내가 생기로 너희에게 들어가게 하리니 너희가 살리라 너희 위에 힘줄을 두고 살을 입히고 가죽으로 덮고 너희 속에 생기를 두리니 너희가 살리라 또 나를 여호와인 줄 알리라 하셨다 하라

요한복음 11:39,40

예수께서 가라사대 돌을 옮겨 놓으라 하시니 그
죽은 자의 누이 마르다가 가로되 주여 죽은 지가 나흘이 되었으매
벌써 냄새가 나나이다 예수께서 가라사대 내 말이 네가 믿으면
하나님의 영광을 보리라 하지 아니하였느냐 하신대

신명기 30:6

네 하나님 여호와께서
네 마음과 네 자손의 마음에 할례를 베푸사
너로 마음을 다하며 성품을 다하여
네 하나님 여호와를 사랑하게 하사
너로 생명을 얻게 하실 것이며

골로새서 2:11

또 그 안에서 너희가 손으로 하지 아니한 할례를 받았으니
곧 육적 몸을 벗는 것이요 그리스도의 할례니라

로마서 8:26~27

이와 같이 성령도 우리 연약함을 도우시나니
우리가 마땅히 빌 바를 알지 못하나 오직 성령이
말할 수 없는 탄식으로 우리를 위하여 친히 간구하시느니라
마음을 감찰하시는 이가 성령의 생각을 아시나니 이는 성령이
하나님의 뜻대로 성도를 위하여 간구하심이니라

6. 성령 모독과 훼방으로 인한 구원의 상실 탈락과 배도 반역

하나님의 예정하시는 카이로스 시간중에 계속되는 하나님 절대 주권의 사랑하심에도 불구하고, 인간 타락과 구원 기회의 크로노스 시간들 속에서 인간이 하나님의 완전한 사랑과 은혜와 긍휼과 자비를 거부하고, 사탄의 죄육신을 따라서 살면서 죄악들을 회개하지 아니하고, 하나님 성령의 임재와 역사를 끝까지 거역하거나 모독하거나 훼방하면 하나님의 구원에서 영원히 탈락하거나 구원을 잃게 된다. 신구약 성경 전체를 종합적이고 균형있게 연구하고 분석한다면, 사람이 매순간 공기를 호흡하지 않으면 육체의 생명이 살 수 없듯이 사탄의 죄육신로 인하여 사람의 영혼은 하나님 호흡(성령)이 없으면 죽은 상태이다. 하나님(성령)과의 완전한 연합이 아니면 사람의 영혼은 사망이다. 성령님의 회개로 거듭날 때에 그리스도의 영이 내주하는 것이 영의 부활이다. 오직 성령의 믿음으로만 항상 삼위일체 하나님

과의 인격적 연합이 지속된다. 그러므로 하나님의 믿음을 저버리고 배도 반역하면 구원을 상실한다.

십자가에서 대속의 죽음으로 죽기까지 사랑하시는 하나님 사랑을 항상 성령의 믿음으로 구해야 한다. 우리 인생들의 구원을 완성하신 하나님을 믿는 믿음으로 초청하시는 성령님 역사를 개인의 종말까지 거역하거나 모독하는 불신자들에 대하여 성령 모독과 훼방으로 인한 구원의 상실과 탈락에 해당한다는 너무나 당연한 성경 말씀을 이해하고 인정하는 것은 아무런 혼돈이나 논쟁이 있을 수가 없다.

그런데 성경적 믿음으로 거듭났다고 자타가 인정하는 많은 교계 지도자들 중에서 빌리 그래함, 릭 워런, 슈마허, 울라프, 김영*, 김*복, 조용*, 김삼*, 김명*, 김장* 목사… 등 국내외 전 세계 수많은 신복음주의자(신자유주의)들을 포함한 WEA WCC 교회지도자들이 사역의 초기 중기에는 너무나 훌륭하게 복음을 위하여 크게 성공하였으나, 사역 말기에는 자기 배를 위하고 인본주의 물질주의 권력추구 교회정치에서 교만 타락하여 배후 적그리스도 사탄종교 카톨릭 교황과의 종교다원주의 세계 종교 통합을 추진하고, 11차례 이상의 세계총회 WCC 선언문들과 적그리스도 카톨릭과의 신앙직제일치합의 선언 등 교계정치활동들을 통하여 하나님을 심각하게 배도 반역하였고, 바벨론음녀 세계짐승정부와의 노예서약에 합의하는 등 수많은 성령 훼방모독죄들의 현실들로 인한 구원의 탈락과 구원의 상실 문제는 성경적 칼빈 5대 교리(TULIP)에 기준하여 세계 교회의 지도자들이 심각한 혼란을 야기하는 것이기에 심도깊게 연구하여야 한다. 말세지말에 전세계 신학적 과제로서 대단히 중요하다.

창세기 2:7

여호와 하나님이 흙으로 사람을 지으시고
생기(the breath of life)를 그 코에 불어 넣으시니
사람이 생령(living soul)이 된지라

야고보서 2:17~26

이와 같이 행함이 없는 믿음은 그 자체가 죽은 것이라
혹이 가로되 너는 믿음이 있고 나는 행함이 있으니 행함이 없는
네 믿음을 내게 보이라 나는 행함으로 내 믿음을 네게 보이리라
네가 하나님은 한 분이신 줄을 믿느냐 잘하는도다
귀신들도 믿고 떠느니라
아아 허탄한 사람아 행함이 없는 믿음이 헛것인 줄 알고자 하느냐

우리 조상 아브라함이 그 아들 이삭을 제단에 드릴 때에 행함으로
의롭다 하심을 받은 것이 아니냐 네가 보거니와
믿음이 그의 행함과 함께 일하고 행함으로 믿음이 온전케 되었느니라
이에 경에 이른 바 아브라함이 하나님을 믿으니
이것을 의로 여기셨다는 말씀이 응하였고
그는 하나님의 벗이라 칭함을 받았나니
이로 보건대 사람이 행함으로 의롭다 하심을 받고
믿음으로만 아니니라 또 이와 같이 기생 라합이 사자를 접대하여
다른 길로 나가게 할 때에 행함으로 의롭다 하심을 받은 것이 아니냐
영혼 없는 몸이 죽은 것같이 행함이 없는 믿음은 죽은 것이니라

고린도전서 15:31

형제들아 내가 그리스도 예수 우리 주 안에서 가진 바
너희에게 대한 나의 자랑을 두고 단언하노니 나는 날마다 죽노라

고린도전서 9:27

내가 내 몸을 쳐 복종하게 함은 내가 남에게 전파한 후에
자기가 도리어 버림이 될까 두려워함이로라

빌립보서 2:12

그러므로 나의 사랑하는 자들아 너희가 나 있을 때뿐 아니라 더욱
지금 나 없을 때에도 항상 복종하여 두렵고 떨림으로
너희 구원을 이루라

갈라디아서 2:20

내가 그리스도와 함께 십자가에 못 박혔나니
그런즉 이제는 내가 산 것이 아니요
오직 내 안에 그리스도께서 사신 것이라
이제 내가 육체 가운데 사는 것은 나를 사랑하사
나를 위하여 자기 몸을 버리신
하나님의 아들을 믿는 믿음 안에서 사는 것이라

갈라디아서 3:3~5

너희가 이같이 어리석으냐
성령으로 시작하였다가 이제는 육체로 마치겠느냐
너희가 이같이 많은 괴로움을 헛되이 받았느냐 과연 헛되냐
너희에게 성령을 주시고 너희 가운데서 능력을 행하시는 이의 일이
율법의 행위에서냐 듣고 믿음에서냐

갈라디아서 3:9~10

그러므로 믿음으로 말미암은 자는 믿음이 있는 아브라함과
함께 복을 받느니라 무릇 율법 행위에 속한 자들은 저주 아래 있나니
기록된 바 누구든지 율법책에 기록된 대로 온갖 일을 항상
행하지 아니하는 자는 저주 아래 있는 자라 하였음이라

마태복음 5:13

너희는 세상의 소금이니 소금이
만일 그 맛을 잃으면 무엇으로 짜게 하리요
후에는 아무 쓸데없어 다만 밖에 버리워 사람에게 밟힐 뿐이니라

마태복음 7:21~23

나더러 주여 주여 하는 자마다 천국에 다 들어갈 것이 아니요
다만 하늘에 계신 내 아버지의 뜻대로 행하는 자라야 들어가리라
그 날에 많은 사람이 나더러 이르되 주여 주여 우리가 주의 이름으로
선지자 노릇 하며 주의 이름으로 귀신을 쫓아내며 주의 이름으로
많은 권능을 행치 아니하였나이까 하리니
그 때에 내가 저희에게 밝히 말하되 내가 너희를 도무지 알지 못하니
불법을 행하는 자들아 내게서 떠나가라 하리라

마태복음 10:37

아비나 어미를 나보다 더 사랑하는 자는 내게 합당치 아니하고
아들이나 딸을 나보다 더 사랑하는 자도 내게 합당치 아니하고

마태복음 12:31,32

그러므로 내가 너희에게 이르노니 사람의 모든 죄와 훼방은
사하심을 얻되 성령을 훼방하는 것은 사하심을 얻지 못하겠고
또 누구든지 말로 인자를 거역하면 사하심을 얻되 누구든지
말로 성령을 거역하면 이 세상과 오는 세상에도
사하심을 얻지 못하리라

히브리서 6:4~6

한번 비침을 얻고 하늘의 은사를 맛보고 성령에 참예한 바
되고 하나님의 선한 말씀과 내세의 능력을 맛보고 타락한 자들은
다시 새롭게 하여 회개케 할 수 없나니 이는 자기가 하나님의
아들을 다시 십자가에 못 박아 현저히 욕을 보임이라

마가복음 3:28,29

내가 진실로 너희에게 이르노니 사람의 모든 죄와 무릇
훼방하는 훼방은 사하심을 얻되 누구든지 성령을 훼방하는 자는
사하심을 영원히 얻지 못하고 영원한 죄에 처하느니라 하시니

마가복음 3:33~35

대답하시되 누가 내 모친이며 동생들이냐 하시고
둘러앉은 자들을 둘러보시며 가라사대 내 모친과 내 동생들을 보라
누구든지 하나님의 뜻대로 하는 자는 내 형제요 자매요 모친이니라

누가복음 12:10

누구든지 말로 인자를 거역하면 사하심을 받으려니와
성령을 모독하는 자는 사하심을 받지 못하리라

누가복음 13:25~27

집주인이 일어나 문을 한 번 닫은 후에 너희가 밖에 서서
문을 두드리며 주여 열어 주소서 하면 저가 대답하여 가로되

나는 너희가 어디로서 온 자인지 알지 못하노라 하리니

그 때에 너희가 말하되 우리는 주 앞에서 먹고 마셨으며

주는 또한 우리 길거리에서 가르치셨나이다 하나

저가 너희에게 일러 가로되 나는 너희가 어디로서 왔는지 알지

못하노라 행악하는 모든 자들아 나를 떠나가라 하리라

요한복음 13:6~9

시몬 베드로에게 이르시니 가로되

주여 주께서 내 발을 씻기시나이까

예수께서 대답하여 가라사대 나의 하는 것을

네가 이제는 알지 못하나

이후에는 알리라 베드로가 가로되

내 발을 절대로 씻기지 못하시리이다

예수께서 대답하시되

내가 너를 씻기지 아니하면 네가 나와 상관이 없느니라

시몬 베드로가 가로되

주여 내 발뿐 아니라 손과 머리도 씻겨 주옵소서

요한복음 15:1~7

내가 참 포도나무요 내 아버지는 그 농부라

무릇 내게 있어 과실을 맺지 아니하는 가지는

아버지께서 이를 제해 버리시고 무릇 과실을 맺는 가지는

더 과실을 맺게 하려 하여 이를 깨끗케 하시느니라

너희는 내가 일러 준 말로 이미 깨끗하였으니

내 안에 거하라 나도 너희 안에 거하리라

가지가 포도나무에 붙어 있지 아니하면 절로 과실을

맺을 수 없음같이 너희도 내 안에 있지 아니하면 그러하리라

나는 포도나무요 너희는 가지니 저가 내 안에,

내가 저 안에 있으면 이 사람은 과실을 많이 맺나니

나를 떠나서는 너희가 아무것도 할 수 없음이라

사람이 내 안에 거하지 아니하면 가지처럼 밖에 버리워

말라지나니 사람들이 이것을 모아다가 불에 던져 사르느니라

너희가 내 안에 거하고 내 말이 너희 안에 거하면

무엇이든지 원하는 대로 구하라 그리하면 이루리라

출애굽기 32:33

여호와께서 모세에게 이르시되 누구든지

내게 범죄하면 그는 내가 내 책에서 지워 버리리라

로마서 11:20~21

옳도다 저희는 믿지 아니하므로 꺾이우고 너는 믿으므로 섰느니라
높은 마음을 품지 말고 도리어 두려워하라
하나님이 원 가지들도 아끼지 아니하셨은 즉
너도 아끼지 아니하시리라

베드로전서 2:9

오직 너희는 택하신 족속이요 왕 같은 제사장들이요 거룩한 나라요
그의 소유된 백성이니 이는 너희를 어두운 데서 불러 내어
그의 기이한 빛에 들어가게 하신 자의
아름다운 덕을 선전하게 하려 하심이라

고린도전서 6:9,10

불의한 자가 하나님의 나라를
유업으로 받지 못할 줄을 알지 못하느냐
미혹을 받지 말라 음란하는 자나 우상 숭배하는 자나
간음하는 자나 탐색하는 자나 남색하는 자나

도적이나 탐람하는 자나 술 취하는 자나 후욕하는 자나
토색하는 자들은 하나님의 나라를 유업으로 받지 못하리라

요한계시록 5:9~10

새 노래를 노래하여 가로되 책을 가지시고
그 인봉을 떼기에 합당하시도다 일찍 죽임을 당하사
각 족속과 방언과 백성과 나라 가운데서 사람들을
피로 사서 하나님께 드리시고
저희로 우리 하나님 앞에서 나라와 제사장을 삼으셨으니
저희가 땅에서 왕 노릇 하리로다 하더라

말세지말의 세계 현실들과 예수님 재림

아담의 선악과 타락 이후 지난 6천년의 인류 역사 가운데 타락한 천사들(사탄,귀신)의 죄육신의 역사들로 인하여 모든 인간들은 생명/인류/가정/교육/문화/사회/정치/언론들의 타락과 국가간 전쟁들과 거짓사기형 종교주의 미혹들과 하나님 반역들이 반복되어 왔다. 아담과 이브가 뱀(용,사탄)의 선악과 유혹에 속아 넘어감으로써 6천년 인류역사 가운데 모든 인간 영혼들은 원죄와 자범죄로 인하여 하나님 형상의 영광과 거룩함을 완전하게 잃었고 고통중에 있다. 에벤에셀의 하나님께서 어린양 예수 그리스도를 태초에 계획하시고, 임마누엘 하나님으로 오셔서 십자가 대속의 죽음과 부활을 통하여 믿는 모든 사람들의 영혼을 부활(재창조)하신 우리 주 예수님께 감사한다.

그러나 말세지말에는 성경에 기록된 대로 사탄(귀신)이 자기 때가 얼마 남지 않았음을 알고서 마지막 최후 발악을 하는 이 시대를 우리는 살고 있다.

성경 말씀에 기록된 그대로 지금은 예수님 재림 전 산고의 시대이며, 이제 곧 세상은 제3차 세계핵전쟁이 발발할 것이고, 예루살렘에 제3성전 건축이 현실화될 것이고, 신세계질서(New World Order) 짐승정부가 완성되어서 적그리스도 666짐승표 세계통제 시대가 예상된다. 21세기에 들어오면서 반인류적인 LBGTQ 동성애, 페미니즘, 차별금지법, 평등법, PC주의,

UN2030 어젠더 등 NWO 세계주의 글로벌공산통제방식의 변화들을 통하여 성경에 기록된 말세 현상들을 실제적으로 경험하고 있다. 2020년 이후 코로나 펜데믹과 살인백신 강제와 QR코드 백신패스 통제를 경험하였으며, 전세계적으로 다양하고 이상한 기후현상들을 경험하고 있으며, 러시아-우크라이나 전쟁, 이스라엘-하마스 전쟁, 이란-이스라엘 전쟁 등 국가 간 전쟁들이 세계적으로 확산되고 있으며, 전자로봇 개발과 유전자 조작 등 반인류적인 하나님 반역이 극위험에 달하고 있으며, 디지털IC 전자주민증과 CBDC, 스테이블코인등 디지털화폐 확대와 스마트시티 15분도시 CCTV감시 통제 등 수많은 666짐승표 종말시대의 현상들이 실제적으로 임박하고 있다. 결과적으로 바벨론음녀 세상심판과 예수님 재림이 매우 가깝다는 것이다. 세상 종말과 예수님 재림이 매우 가까운 것이 너무나 명백한 만큼, 누구든지 이제는 성경에 기록된 종말복음을 적극적으로 전해야 한다.

 이러한 종말적인 현실들 가운데 하나님을 떠나서 사탄의 죄 육신을 쫓아서 사탄의 666짐승표 바벨론시스템을 따라가는 수많은 사람들은 잠시동안 세상 죄를 누릴 수 있겠지만 하나님의 무서운 심판과 영원한 지옥 불못으로 들어갈 것이라고 성경은 기록하고 있다. 반대로 하나님의 사랑과 공의를 쫓아서 성령의 믿음으로 거듭나서 성경의 진리를 믿음으로 사는 하나님의 사람들은 완전하고 영원한 천국을 성경의 기록대로 살 수 있게 되었다.

우리가 사는 이 말세지말은 산고(産苦)의 아픔이 있는 것이 사실이다. 그러나 창조 타락 이후 6천년 동안의 인류역사를 지나는 가운데에서 발견한 수많은 과학적 증거들과 역사적 사실들을 성경에 기록된 말씀에 기준하여 충분히 확인할 수 있고, 창조주 하나님의 실존을 쉽게 인정할 수 있는 복된 시대이며, 하나님 아들들로 거듭날 수 있는 축복의 시대이다.

요한계시록 12:12~13

그러므로 하늘과 그 가운데에 거하는 자들은 즐거워하라
그러나 땅과 바다는 화 있을진저
이는 마귀가 자기의 때가 얼마 남지 않은 줄을 알므로
크게 분내어 너희에게 내려갔음이라 하더라 용이 자기가
땅으로 내쫓긴 것을 보고 남자를 낳은 여자를 박해하는지라

요한계시록 13:16~18

그가 모든 자 곧 작은 자나 큰 자나 부자나 가난한 자나
자유인이나 종들에게 그 오른손에나 이마에 표를 받게 하고
누구든지 이 표를 가진 자 외에는 매매를 못하게 하니
이 표는 곧 짐승의 이름이나 그 이름의 수라
지혜가 여기 있으니 총명한 자는 그 짐승의 수를 세어 보라
그것은 사람의 수니 그의 수는 육백육십육이니라

요한계시록 14:8~11

또 다른 천사 곧 둘째가 그 뒤를 따라 말하되
무너졌도다 무너졌도다 큰 성 바벨론이여
모든 나라에게 그의 음행으로 말미암아
진노의 포도주를 먹이던 자로다 하더라
또 다른 천사 곧 셋째가 그 뒤를 따라 큰 음성으로 이르되
만일 누구든지 짐승과 그의 우상에게 경배하고 이마에나 손에
표를 받으면 그도 하나님의 진노의 포도주를 마시리니
그 진노의 잔에 섞인 것이 없이 부은 포도주라 거룩한 천사들 앞과
어린 양 앞에서 불과 유황으로 고난을 받으리니
그 고난의 연기가 세세토록 올라가리로다
짐승과 그의 우상에게 경배하고 그의 이름 표를 받는 자는
누구든지 밤낮 쉼을 얻지 못하리라 하더라

요한계시록 18:1~4

이 일 후에 다른 천사가 하늘에서 내려 오는 것을
보니 큰 권세를 가졌는데 그의 영광으로 땅이 환하여지더라
힘찬 음성으로 외쳐 이르되 무너졌도다 무너졌도다 큰 성 바벨론이여
귀신의 처소와 각종 더러운 영이 모이는 곳과
각종 더럽고 가증한 새들이 모이는 곳이 되었도다
그 음행의 진노의 포도주로 말미암아
만국이 무너졌으며 또 땅의 왕들이 그와 더불어 음행하였으며
땅의 상인들도 그 사치의 세력으로 치부하였도다 하더라
또 내가 들으니 하늘로부터 다른 음성이 나서 이르되
내 백성아 거기서 나와 그의 죄에 참여하지 말고
그가 받을 재앙들을 받지 말라

요한계시록 19:19~20

또 내가 보매 그 짐승과 땅의 임금들과 그 군대들이 모여
그 말 탄 자와 그의 군대로 더불어 전쟁을 일으키다가 짐승이 잡히고
그 앞에서 이적을 행하던 거짓 선지자도 함께 잡혔으니
이는 짐승의 표를 받고 그의 우상에게 경배하던 자들을 이적으로
미혹하던 자라 이 둘이 산 채로 유황불 붙는 못에 던지우고

이사야 65:17~20

보라 내가 새 하늘과 새 땅을 창조하나니

이전 것은 기억되거나 마음에 생각나지 아니할 것이라

너희는 내가 창조하는 것으로 말미암아

영원히 기뻐하며 즐거워할지니라

보라 내가 예루살렘을 즐거운 성으로 창조하며

그 백성을 기쁨으로 삼고

내가 예루살렘을 즐거워하며 나의 백성을 기뻐하리니 우는 소리와

부르짖는 소리가 그 가운데에서 다시는 들리지 아니할 것이며

거기는 날 수가 많지 못하여 죽는 어린이와 수한이 차지 못한

노인이 다시는 없을 것이라 곧 백 세에 죽는 자를 젊은이라 하겠고

백 세가 못되어 죽는 자는 저주 받은 자이리라

요한계시록 21:1~4

또 내가 새 하늘과 새 땅을 보니

처음 하늘과 처음 땅이 없어졌고 바다도 다시 있지 않더라

또 내가 보매 거룩한 성 새 예루살렘이

하나님께로부터 하늘에서 내려오니

그 준비한 것이 신부가 남편을 위하여 단장한 것 같더라

내가 들으니 보좌에서 큰 음성이 나서 이르되

보라 하나님의 장막이 사람들과 함께 있으매
하나님이 그들과 함께 계시리니 그들은 하나님의 백성이 되고
하나님은 친히 그들과 함께 계셔서
모든 눈물을 그 눈에서 닦아 주시니 다시는 사망이 없고
애통하는 것이나 곡하는 것이나 아픈 것이 다시 있지 아니하리니
처음 것들이 다 지나갔음이러라

성령 믿음으로 거듭난 성도의 천국 삶

　예수님 십자가 사랑과 부활의 능력과 성령으로 믿는 자는 영이 거듭남으로 되살아났고, 그 새 사람의 혼과 육은 정한 때까지 하나님의 구속을 받게 되어서 영(성령)으로 하나님께서 성화를 이루어갈 것이고, 예수님 재림 때에는 혼과 육도 완전한 부활체(변화체)가 된다.

　성령으로 거듭난 영은 성령과 완전한 하나이고 부족함이 없다. 하나님 아버지와 예수님과 성령님이 삼위일체로 완전한 하나이듯이 거듭난 성도의 영도 0.1%도 어그러짐이 없이 100% 완전한 성령안에서 하나이다. 성령의 믿음으로 거듭난 영의 사람은 새 자아(새로운 피조물)의 육신(혼,육)이 되었기에, 이후로는 예수님 재림시 부활체(변화체)로 변화될 때까지 오직 성령의 믿음을 통하여 재창조된 새 사람(영)으로 산다면 예수님의 십자가 사랑과 십자가 능력으로 인하여 항상 어디서나 모든 환경의 삶에서 하나님께서는 성령과 진리의 믿음으로 승리하는 하나님 영광, 여호와 닛시(승리), 하나님 천국을 살게 하신다.

　성령으로 거듭난 성도는 모든 환경의 삶에서 언제나 영으로는 반드시 승리할 수가 있고 하나님 안에서 항상 승리한다. 생명의 성령의 법, 예수 그리스도의 법에 따라서 사는 성령의 믿음으로 거듭난 성도들은 누구나 자신 안에 있는 성령의 생명수가 새 사람의 영혼을 통하여 육체로 바람과 같이 흘러 나와서 전달이 되고, 혼과 육이 완전한 영의 생명 공급으로 인하여 항상 완전한 하나님의 의와 착함과 거룩함에 이르게 하신다.

성령의 믿음의 성숙도에 따라서 완전한 영의 생명이 밸브 작동과 같은 혼을 통하여 밸브가 열린 크기 만큼, 육신(혼,육)의 실제가 될 수가 있다. 믿음의 법칙에 있어서 가장 중요한 것은 이미 자신 안에 하나님의 영으로 거듭난 완전한 영이 있다는 사실에 대한 확실한 믿음(정체성)이 있어야 한다.

하나님의 창조 세계는 태초부터 영원까지 이미 완전하게 완성되었다. 인간 역사는 이미 하나님으로 창조된 전기, 전자, 과학, 기술 등 수많은 분야에서 위대한 하나님 신비들 중 일부를 발견하는 것이고, 발견된 만큼 현실들이 되는 것이다. 영의 부분도 마찬가지로서 각 사람들마다 자신이 이해하고 발견하는 만큼 각종 영적인 은사들과 하나님 능력들이 하나님 절대 주권 안에서 현실화가 될 수 있다.

하나님께서는 전지전능하시고 무소부재하신 분으로서 성령의 믿음으로 거듭난 성도들의 몸(성전) 안에 내주하신다. 거듭난 성도가 성령님을 오시라고 기도하거나 찬양하는 것은 옳지 않다. 왜냐하면 성도의 영(그릇) 안에 성령님이 하나로 임재해 계시기 때문이다.

신비주의 영지주의 은사주의자들의 사역 현상들을 보고서 믿을려고 하는 것은 바람직한 믿음이 아니며, 사이비이단들의 미혹에 속을 수 있다. 믿음의 역사들은 각 사람들의 내면 안에서 일어나는 영의 실제이기 때문에, 자신 안에서 일어나는 성령의 역사들을 다른 사람들로부터 강제하는 것은 오히려 자신의 내면 믿음의 현재성을 방해하거나, 의존성의 믿음으로 퇴보를 강요할 수 있는 것이기에 항상 경계하고 조심하여야 한다.

영의 믿음의 실제는 자신의 심중에서 육신(혼)의 지식과 감정과 의지로 제한해서는 안될 것이며, 오직 거듭난 영은 이미 완전하여진 영으로 성경 말씀에 근거하여 담대하게 믿음으로 기도하고 선포하고 행하는 것이다.

요한복음 8:32

진리를 알지니 진리가 너희를 자유롭게 하리라

고린도전서 13:9~12

우리는 부분적으로 알고 부분적으로 예언하니
온전한 것이 올 때에는 부분적으로 하던 것이 폐하리라
내가 어렸을 때에는 말하는 것이 어린 아이와 같고 깨닫는 것이

어린 아이와 같고 생각하는 것이 어린 아이와 같다가
장성한 사람이 되어서는 어린 아이의 일을 버렸노라
우리가 지금은 거울로 보는 것 같이 희미하나
그 때에는 얼굴과 얼굴을 대하여 볼 것이요
지금은 내가 부분적으로 아나 그 때에는
주께서 나를 아신 것 같이 내가 온전히 알리라

요한복음 4:23,24

아버지께 참되게 예배하는 자들은
영과 진리로 예배할 때가 오나니 곧
이 때라 아버지께서는
자기에게 이렇게 예배하는 자들을 찾으시느니라
하나님은 영이시니 예배하는 자가 영과 진리로 예배할지니라

에베소서 4:22~24

너희는 유혹의 욕심을 따라 썩어져 가는 구습을 따르는
옛 사람을 벗어 버리고 오직 너희의 심령이 새롭게 되어 하나님을
따라 의와 진리의 거룩함으로 지으심을 받은 새 사람을 입으라

로마서 8:37~39

그러나 이 모든 일에 우리를 사랑하시는 이로 말미암아
우리가 넉넉히 이기느니라 내가 확신하노니 사망이나 생명이나
천사들이나 권세자들이나
현재 일이나 장래 일이나 능력이나 높음이나
깊음이나 다른 어떤 피조물이라도 우리를 우리 주 그리스도
예수 안에 있는 하나님의 사랑에서 끊을 수 없으리라

로마서 10:3~10

하나님의 의를 모르고 자기 의를 세우려고
힘써 하나님의 의에 복종하지 아니하였느니라 그리스도는
모든 믿는 자에게 의를 이루기 위하여 율법의 마침이 되시니라
모세가 기록하되 율법으로 말미암는 의를 행하는 사람은 그 의로
살리라 하였거니와 믿음으로 말미암는 의는 이같이 말하되 네 마음에
누가 하늘에 올라가겠느냐 하지 말라 하니 올라가겠느냐 함은
그리스도를 모셔 내리려는 것이요
혹은 누가 무저갱에 내려가겠느냐 하지 말라 하니 내려가겠느냐 함은
그리스도를 죽은 자 가운데서 모셔 올리려는 것이라
그러면 무엇을 말하느냐 말씀이 네게 가까워 네 입에 있으며
네 마음에 있다 하였으니 곧 우리가 전파하는 믿음의 말씀이라

네가 만일 네 입으로 예수를 주로 시인하며
또 하나님께서 그를 죽은 자
가운데서 살리신 것을 네 마음에 믿으면 구원을 받으리라 사람이
마음으로 믿어 의에 이르고 입으로 시인하여 구원에 이르느니라

이사야 64:6,7

무릇 우리는 다 부정한 자 같아서
우리의 의는 다 더러운 옷 같으며
우리는 다 잎사귀 같이 시들므로
우리의 죄악이 바람 같이 우리를 몰아가나이다
주의 이름을 부르는 자가 없으며
스스로 분발하여 주를 붙잡는 자가 없사오니
이는 주께서 우리에게 얼굴을 숨기시며
우리의 죄악으로 말미암아 우리가 소멸되게 하셨음이니이다

요한1서 4:15~17

누구든지 예수를 하나님의 아들이라 시인하면
하나님이 그의 안에 거하시고 그도 하나님 안에 거하느니라
하나님이 우리를 사랑하시는 사랑을 우리가 알고 믿었노니

하나님은 사랑이시라 사랑 안에 거하는 자는 하나님 안에 거하고
하나님도 그의 안에 거하시느니라 이로써 사랑이 우리에게 온전히
이루어진 것은 우리로 심판 날에 담대함을 가지게 하려 함이니
주께서 그러하심과 같이 우리도 이 세상에서 그러하니라

고린도전서 15:52~54

나팔 소리가 나매 죽은 자들이 썩지 아니할 것으로 다시
살아나고 우리도 변화되리라 이 썩을 것이 반드시 썩지 아니할
것을 입겠고 이 죽을 것이 죽지 아니함을 입으리로다 이 썩을 것이
썩지 아니함을 입고 이 죽을 것이 죽지 아니함을 입을 때에는
사망을 삼키고 이기리라고 기록된 말씀이 이루어지리라

고린도전서 2:10~16

오직 하나님이 성령으로 이것을 우리에게 보이셨으니
성령은 모든 것 곧 하나님의 깊은 것까지도 통달하시느니라
사람의 일을 사람의 속에 있는 영 외에 누가 알리요 이와 같이
하나님의 일도 하나님의 영 외에는 아무도 알지 못하느니라 우리가
세상의 영을 받지 아니하고 오직 하나님으로부터 온 영을 받았으니
이는 우리로 하여금 하나님께서 우리에게 은혜로 주신 것들을
알게 하려 하심이라 우리가 이것을 말하거니와

사람의 지혜가 가르친 말로 아니하고
오직 성령께서 가르치신 것으로 하니
영적인 일은 영적인 것으로 분별하느니라
육에 속한 사람은 하나님의 성령의 일들을 받지 아니하나니
이는 그것들이 그에게는 어리석게 보임이요,
또 그는 그것들을 알 수도 없나니
그러한 일은 영적으로 분별되기 때문이라
신령한 자는 모든 것을 판단하나
자기는 아무에게도 판단을 받지 아니하느니라
누가 주의 마음을 알아서 주를 가르치겠느냐
그러나 우리가 그리스도의 마음을 가졌느니라

요한1서 2:20,21

너희는 거룩하신 자에게서 기름 부음을 받고 모든 것을 아느니라
내가 너희에게 쓰는 것은 너희가 진리를 알지 못하기 때문이 아니라
알기 때문이요 또 모든 거짓은 진리에서 나지 않기 때문이라

요한1서 2:27~29

너희는 주께 받은 바 기름 부음이 너희 안에 거하나니
아무도 너희를 가르칠 필요가 없고 오직 그의 기름 부음이 모든
것을 너희에게 가르치며 또 참되고 거짓이 없으니 너희를 가르치신
그대로 주 안에 거하라 자녀들아 이제 그의 안에 거하라
이는 주께서 나타내신 바 되면
그가 강림하실 때에 우리로 담대함을 얻어
그 앞에서 부끄럽지 않게 하려 함이라
너희가 그가 의로우신 줄을 알면
의를 행하는 자마다 그에게서 난 줄을 알리라

고린도전서 6:17~20

주와 합하는 자는 한 영이니라
음행을 피하라 사람이 범하는 죄마다 몸 밖에 있거니와
음행하는 자는 자기 몸에 죄를 범하느니라 너희 몸은 너희가
하나님께로부터 받은 바 너희 가운데 계신 성령의 전인 줄을 알지
못하느냐 너희는 너희 자신의 것이 아니라 값으로 산 것이
되었으니 그런즉 너희 몸으로 하나님께 영광을 돌리라

빌립보서 1:6

너희 속에 착한 일을 시작하신 이가
그리스도 예수의 날까지 이루실 줄을 우리가 확신하노라

빌립보서 4:11~13

내가 궁핍하므로 말하는 것이 아니니라
어떠한 형편에든지 나는 자족하기를 배웠노니 나는 비천에
처할 줄도 알고 풍부에 처할 줄도 알아 모든 일 곧 배부름과
배고픔과 풍부와 궁핍에도 처할 줄 아는 일체의 비결을 배웠노라
내게 능력 주시는 자 안에서 내가 모든 것을 할 수 있느니라

골로새서 2:9~12

그 안에는 신성의 모든 충만이 육체로 거하시고
너희도 그 안에서 충만하여졌으니 그는 모든 통치자와 권세의
머리시라 또 그 안에서 너희가 손으로 하지 아니한 할례를 받았으니
곧 육의 몸을 벗는 것이요 그리스도의 할례니라 너희가 세례로
그리스도와 함께 장사되고 또 죽은 자들 가운데서 그를
일으키신 하나님의 역사를 믿음으로 말미암아
그 안에서 함께 일으키심을 받았느니라

베드로전서 2:24

친히 나무에 달려 그 몸으로 우리 죄를 담당하셨으니
이는 우리로 죄에 대하여 죽고 의에 대하여 살게 하려 하심이라
그가 채찍에 맞음으로 너희는 나음을 얻었나니

에베소서 1:19~23

그의 힘의 위력으로 역사하심을 따라 믿는 우리에게 베푸신
능력의 지극히 크심이 어떠한 것을 너희로 알게 하시기를 구하노라
그의 능력이 그리스도 안에서 역사하사
죽은 자들 가운데서 다시 살리시고
하늘에서 자기의 오른편에 앉히사 모든 통치와 권세와 능력과 주권과
이 세상뿐 아니라 오는 세상에 일컫는
모든 이름 위에 뛰어나게 하시고
또 만물을 그의 발 아래에 복종하게 하시고 그를 만물 위에
교회의 머리로 삼으셨느니라 교회는 그의 몸이니
만물 안에서 만물을 충만하게 하시는 이의 충만함이니라

골로새서 1:26,27

이 비밀은 만세와 만대로부터 감추어졌던 것인데 이제는
그의 성도들에게 나타났고 하나님이 그들로 하여금 이 비밀의 영광이
이방인 가운데 얼마나 풍성한지를 알게 하려 하심이라
이 비밀은 너희 안에 계신 그리스도시니 곧 영광의 소망이니라

마태복음 18:18~20

진실로 너희에게 이르노니 무엇이든지 너희가 땅에서 매면
하늘에서도 매일 것이요
무엇이든지 땅에서 풀면 하늘에서도 풀리리라
진실로 다시 너희에게 이르노니 너희 중의 두 사람이 땅에서
합심하여 무엇이든지 구하면 하늘에 계신 내 아버지께서
그들을 위하여 이루게 하시리라 두 세 사람이 내 이름으로
모인 곳에는 나도 그들 중에 있느니라

요한1서 4:17

이로써 사랑이 우리에게 온전히 이루어진 것은
우리로 심판 날에 담대함을 가지게 하려 함이니
주께서 그러하심과 같이 우리도 이 세상에서 그러하니라

성령으로 거듭난 성도는 누구든지 자신의 영이 완전한 하나님 아들들로서 새 피조물의 정체성을 알기에, 거듭난 이후 모든 삶을 항상 생명의 성령의 법, 그리스도의 법으로 산다. 새 자아인 마음과 생각을 영(성령)으로 일치시키면 모든 시간과 모든 상황에서 성령의 9가지 열매인 천국을 살게 된다.

고린도전서 6:17

주와 합하는 자는 한 영이니라

고린도전서 13:4~7

사랑은 오래 참고 사랑은 온유하며 시기하지 아니하며
사랑은 자랑하지 아니하며 교만하지 아니하며
무례히 행하지 아니하며 자기의 유익을 구하지 아니하며
성내지 아니하며 악한 것을 생각하지 아니하며
불의를 기뻐하지 아니하며 진리와 함께 기뻐하고 모든 것을 참으며
모든 것을 믿으며 모든 것을 바라며 모든 것을 견디느니라

로마서 12:1~3

그러므로 형제들아 내가 하나님의 모든 자비하심으로 너희를
권하노니 너희 몸을 하나님이 기뻐하시는 거룩한 산 제물로 드리라
이는 너희가 드릴 영적 예배니라 너희는 이 세대를 본받지 말고
오직 마음을 새롭게 함으로 변화를 받아 하나님의 선하시고
기뻐하시고 온전하신 뜻이 무엇인지 분별하도록 하라
내게 주신 은혜로 말미암아 너희 각 사람에게 말하노니
마땅히 생각할 그 이상의 생각을 품지 말고 오직 하나님께서
각 사람에게 나누어 주신 믿음의 분량대로 지혜롭게 생각하라

요한복음 4:23,24

아버지께 참되게 예배하는 자들은 영과 진리로 예배할 때가 오나니
곧 이 때라 아버지께서는 자기에게
이렇게 예배하는 자들을 찾으시느니라
하나님은 영이시니 예배하는 자가 영과 진리로 예배할지니라

로마서 8:1~18

그러므로 이제 그리스도 예수 안에 있는 자에게는
결코 정죄함이 없나니
이는 그리스도 예수 안에 있는 생명의 성령의 법이
죄와 사망의 법에서 너를 해방하였음이라
율법이 육신으로 말미암아 연약하여
할 수 없는 그것을 하나님은 하시나니
곧 죄로 말미암아 자기 아들을 죄 있는 육신의 모양으로 보내어
육신에 죄를 정하사 육신을 따르지 않고
그 영을 따라 행하는 우리에게
율법의 요구가 이루어지게 하려 하심이니라
육신을 따르는 자는 육신의 일을,
영을 따르는 자는 영의 일을 생각하나니
육신의 생각은 사망이요 영의 생각은 생명과 평안이니라
육신의 생각은 하나님과 원수가 되나니
이는 하나님의 법에 굴복하지 아니할 뿐 아니라 할 수도 없음이라
육신에 있는 자들은 하나님을 기쁘시게 할 수 없느니라
만일 너희 속에 하나님의 영이 거하시면
너희가 육신에 있지 아니하고
영에 있나니 누구든지 그리스도의 영이 없으면
그리스도의 사람이 아니라
또 그리스도께서 너희 안에 계시면 몸은 죄로 말미암아 죽은 것이나

영은 의로 말미암아 살아 있는 것이니라
예수를 죽은 자 가운데서 살리신 이의 영이 너희 안에 거하시면
그리스도 예수를 죽은 자 가운데서 살리신 이가
너희 안에 거하시는 그의 영으로 말미암아
너희 죽을 몸도 살리시리라
그러므로 형제들아 우리가 빚진 자로되
육신에게 져서 육신대로 살 것이 아니니라
너희가 육신대로 살면 반드시 죽을 것이로되
영으로써 몸의 행실을 죽이면 살리니
무릇 하나님의 영으로 인도함을 받는 사람은
곧 하나님의 아들이라
너희는 다시 무서워하는 종의 영을 받지 아니하고
양자의 영을 받았으므로 우리가 아빠 아버지라고 부르짖느니라
성령이 친히 우리의 영과 더불어
우리가 하나님의 자녀인 것을 증언하시나니
자녀이면 또한 상속자 곧 하나님의 상속자요
그리스도와 함께 한 상속자니
우리가 그와 함께 영광을 받기 위하여
고난도 함께 받아야 할 것이니라
생각하건대 현재의 고난은
장차 우리에게 나타날 영광과 비교할 수 없도다

히브리서 10:14~18

그가 거룩하게 된 자들을 한 번의 제사로 영원히 온전하게
하셨느니라 또한 성령이 우리에게 증언하시되 주께서 이르시되
그 날 후로는 그들과 맺을 언약이 이것이라 하시고
내 법을 그들의 마음에 두고 그들의 생각에 기록하리라 하신 후에
또 그들의 죄와 그들의 불법을
내가 다시 기억하지 아니하리라 하셨으니
이것들을 사하셨은 즉 다시 죄를 위하여 제사 드릴 것이 없느니라

갈라디아서 5:22,23

오직 성령의 열매는 사랑과 희락과 화평과 오래 참음과 자비와
양선과 충성과 온유와 절제니 이같은 것을 금지할 법이 없느니라

마태복음 24:14

이 천국 복음이 모든 민족에게 증거되기 위하여
온 세상에 전파되리니 그제야 끝이 오리라

성령의 믿음으로 거듭남과 거듭난 성도의 몸(성전)으로 교회가 된 거듭난 성도의 영이 예수 그리스도의 영과 완전한 하나됨이라는 하나님 나라의 신비는 온 우주와도 바꿀 수 없는 참으로 위대하고 아름다운 소식이다.

현대 물리학에서 일부분 하나님 창조의 지식을 발견하여 양자 컴퓨터 등 산업기술에 이용하는 양자 물리학의 신비가 점차적으로 확산 중에 있지만 결과적으로 양자 물리학의 신비도 하나님 창조중 일부분의 발견일 뿐이다. 양자역학 물리학과 관련한 학문들이 발전함으로써 눈으로 볼 수 없는 영적 세계의 신비로운 현상들과 시간과 공간적 이해들이 더욱 확대중에 있다.

하나님의 무한 차원의 사랑과 창조 신비들은 인간들의 3.5차원 지식으로는 일부분 희미하게는 이해할 수도 있겠으나, 완전한 이해로는 전혀 도달할 수가 없는 것은 자명한 것이기에 하나님 앞에서 인간은 언제나 겸손해야 한다.

하나님께서는 성령의 할례를 통하여 모든 믿는 사람들을 교회가 되게 하시고, 하나님의 아들들로 택하셔서 하나님을 아빠 아버지라고 부를 수 있도록 영원히 인도하신다.

에베소서 4:23,24

오직 너희의 심령이 새롭게 되어 하나님을 따라
의와 진리의 거룩함으로 지으심을 받은 새 사람을 입으라

요한1서 4:17

이로써 사랑이 우리에게 온전히 이루어진 것은 우리로 심판 날에
담대함을 가지게 하려 함이니 주께서 그러하심과 같이
우리도 이 세상에서 그러하니라

고린도전서 13:9,10

우리는 부분적으로 알고 부분적으로 예언하니
온전한 것이 올 때에는 부분적으로 하던 것이 폐하리라

고린도전서 6:17

주와 합하는 자는 한 영이니라

로마서 8:9

만일 너희 속에 하나님의 영이 거하시면
너희가 육신에 있지 아니하고
영에 있나니 누구든지 그리스도의 영이 없으면
그리스도의 사람이 아니라

갈라디아서 2:20

내가 그리스도와 함께 십자가에 못 박혔나니 그런즉 이제는
내가 사는 것이 아니요 오직 내 안에 그리스도께서 사시는 것이라
이제 내가 육체 가운데 사는 것은 나를 사랑하사 나를 위하여
자기 자신을 버리신 하나님의 아들을 믿는 믿음 안에서 사는 것이라

에베소서 1:19,20

그의 힘의 위력으로 역사하심을 따라 믿는 우리에게 베푸신
능력의 지극히 크심이 어떠한 것을 너희로 알게 하시기를 구하노라
그의 능력이 그리스도 안에서 역사하사 죽은 자들 가운데서
다시 살리시고 하늘에서 자기의 오른편에 앉히사

야고보서 2:26

영혼 없는 몸이 죽은 것 같이 행함이 없는 믿음은 죽은 것이니라

요한복음 4:24

하나님은 영이시니 예배하는 자가 영과 진리로 예배할지니라

에베소서 1:13

그 안에서 너희도 진리의 말씀 곧 너희의 구원의 복음을 듣고
그 안에서 또한 믿어 약속의 성령으로 인치심을 받았으니

요한계시록 9:4

그들에게 이르시되 땅의 풀이나 푸른 것이나
각종 수목은 해하지 말고
오직 이마에 하나님의 인침을 받지 아니한 사람들만
해하라 하시더라

로마서 11:29

하나님의 은사와 부르심에는 후회하심이 없느니라

고린도후서 5:17,18

그런즉 누구든지 그리스도 안에 있으면 새로운 피조물이라
이전 것은 지나갔으니
보라 새 것이 되었도다 모든 것이 하나님께로서 났으며
그가 그리스도로 말미암아 우리를 자기와 화목하게 하시고
또 우리에게 화목하게 하는 직분을 주셨으니

로마서 5:1,2

그러므로 우리가 믿음으로 의롭다 하심을 받았으니

우리 주 예수 그리스도로 말미암아 하나님과 화평을 누리자

또한 그로 말미암아 우리가 믿음으로 서 있는 이 은혜에 들어감을

얻었으며 하나님의 영광을 바라고 즐거워하느니라

저자 소개 | 이상덕

반송초등학교 2회 졸업

동래중학교 24회 졸업

개성고교(舊 부산상고) 64회 졸업

울산대학교 기계공학과 1980년 졸업

국방부 3을(現 5급) 기계기술직 사무관 1년 근무

대우정밀(現 S&T중공업) 대리 5년 근무

만도기계(現 발레오전장) 과장 5년 근무

한국계측기술 제조업 1991년 창업, 경영(현재)

폴리텍대학(울산) 겸임교수 12년 정년퇴직

유교, 불교, 천주교를 거쳐서 기독교로 중생

1987년 성령세례 후 물세례(통합,합동,합신,고신)

1999년 안수집사 장립(부산 수영로교회)

성경적 한국교회 재건과
자유대한민국 재건을 위한 전국연합 사역중
(現 국가재건국민연합/대한민국재건회의 사무총장)

본 서적의 내용들 중에서 질문이 있거나,

교회 안과 밖의 장소에서 저자 초청의 독서토론

또는 세미나 또는 토론회가 필요한 분들께서는

연락을 주시면 최선을 다하여 협력하겠습니다.

감사합니다.

저자 이상덕 올림

HP 010 4552 6086

사람은 누구나
천국을 살아야 한다

이 상 덕 지음

초판 1쇄 2025년 10월 20일

발행인 강대진
편 집 황제마

발행처 북펀딩
등 록 제 2019-000337호
주 소 서울시 강남구 역삼로8길 21, 2F
번 호 02-540-4440
팩 스 02-554-4440
메 일 copyten@naver.com

© 2025, BookFunding
ISBN 979-11-7454-009-6

*이 책은 저작권법에 따라 보호받는 저작물이므로 무단복제와 무단전재를 금합니다.
*이 책 내용의 전부 또는 일부를 이용하려면 반드시 북펀딩의 서면 동의를 받아야 합니다.